KB206131

시대를 살아낸 선교사
한 세기 동안의 성령 동행 일지

예수께서
살리셨다

| 유환준 지음 |

자유의 숲을 거닐다
Truth·Liberty·Alliance

예수께서 살리셨다

초판	1쇄 (도서출판 쉐마, 2023년 1월 1일)
지은이	유환준
펴낸이	김양희
펴낸곳	도서출판 자유의 숲을 거닐다
등록	2022년 8월 8일
	제2022 – 000004호
주소	사천시 여옥길 36 106동 102호
전화	010 – 9315 – 2476
이메일	sklavision@gmail.com
블로그	https://m.blog.naver.com/bridzee
총 판	기독교출판유통

ISBN 979–11–981370–0–5

값 20,000원

도서출판 자유의 숲을 거닐다는 참된 진리를 회복하고
자유의 가치를 지키기 위한 서적을 출판 보급합니다.

A century−long journey of the Holy Spirit

Jesus saved

By

Yoo Hwanjun (Missionary)

Presenting
For
Truth · Liberty · Alliance

2023

자유의 숲을 거닐다
Truth·Liberty·Alliance

삶의 기록, 역사의 흔적

역사란 기록을 통하여 보존되고 전승된다. 이것은 조직이나 개인에게도 동일한 원칙이다. 많은 이들이 자신의 삶을 성찰하며 지난 날을 반추하는 '회고록' 또는 '자서전' 등을 간행하고 있다.

이것은 개인사적(個人史的) 자료만이 아니라 사회적 또는 교회사적(敎會史的) 자료가 될 수 있다.

이번에 유환준 목사가 자신의 지난 날을 정리한 〈예수께서 살리셨다〉를 상제하였다. 이것은 그의 90평생을 정리한 고백이며 기록이다. 또한 개인의 기록으로 제한되는 것이 아니라 교회사 특히 '고신 교회사'이며, '대만 선교사'라고 할 수 있다.

'유환준'이라고 하면 여러 가지 칭호가 따르지만 대표적인 것이 '선교사'이다. 그는 고신 총회의 대만 선교사역에서 김영진 목사를 이은 2대 선교사로서 평생을 헌신하였다.

그의 사역 중 특별한 것은 중국어 신학서적을 저술한 점이다. 이것은 다른 선교사들이 따라 가지 못할 독특한 영역이며, 중국어권 선교의 새로운 지평을 여는 사역이다. 이것을 위해 하나님께서 그에게 어학적 재능을 주시고 학문의 열정을 주셨다.

필자는 젊은 시절의 그를 알고 있다. 그 이미지는 '영어 잘하는 전도사'였다. 이런 재능이 중국어권 선교를 위해 귀하게 사용되었으니 그의 회고록의 주제어(Key Word)인 '하나님'의 섭리이며 역사이다.

이 책이 기록으로만 남지 말고, 가슴에 감동을, 열풍이 되어지기를 기대하는 마음 가득하다.

김남식 박사 (신학박사 · 선교학박사, 한국장로교사학회 회장)

진실한 하나님의 사람,
진정한 개혁주의자의 자서전

복음을 위해 일평생 같이 동역해 왔던 유환준 선교사님께서 자서전을 쓰셨습니다. 제가 경향교회를 막 시작했던 그때 유선교사님은 두 아들을 우리교회에 맡겨 두시고 대만으로 떠나셨죠! 일평생 대만 선교를 위해, 중국 선교를 위해 수고하셨는데, 그 수고와 땀과 눈물을 우리 주님께서 다 기억해 주시고, 축복해 주시리라 믿습니다.

유 선교사님을 살리시고, 선교하도록 인도하신 하나님의 경륜이 자서전에 자세히 적혀있네요. 유 선교사님이 진실로 하나님의 사람이고, 마음이 통하는 동역자이며, 진정한 칼빈주의자, 개혁주의자인 것이 자서전에 잘 나타나 있습니다. 유 선교사님은 문서선교를 통해, 신학교 선교를 통해 대만과 중국에서 많은 선교를 하셨습니다. 마지막 예수님 만나시는 그날까지 건강하게 맡으신 그 선교 사역을 계속 잘 감당하시길 기도해 봅니다.

유 선교사님의 자서전을 통해서 여러분들도 예수님을 통해서 살리심을 받으시고, 유 선교사님과 같이 선교 사역에 동참해 주시길 적극 추천해 봅니다. 유 선교사님 수고하셨습니다! 할렐루야!

―――――――――――――――

석원태 목사 (경향교회 원로목사)

대만과 중국 선교의
풍성한 열매에 대한 감사의 봉헌

주님 안에서 참으로 존경하는 유환준 선교사님은 1973년 이후 일평생 대만 선교와 중국 선교를 위해 전력을 다하여 헌신해 오셨습니다. 하나님의 나라와 복음을 위한 그 모든 사랑의 수고를 여호와 하나님께서 특별히 기억하시고 기뻐하시리라 믿습니다. 한평생 걸어오신 감사와 고난과 영광의 선교 여정을 진솔하게 담아내신 이 자서전을 통해 더욱 자세하게 선교사님의 생애와 사역을 잘 이해할 수 있게 되었습니다.

이 책은 한국교회 중국선교 역사의 한 획을 그은 놀라운 은혜의 역사를 기억하게 함으로 하나님께 큰 감사와 영광을 돌리게 할 줄 믿습니다.

선교사님은 대만에서 남항교회, 충효교회 등 7개 개혁교회를 개척하셨고, 특히 현재 대만의 주요 신학교 중 하나로 성장한 130여 명 신학생들이 재학하고 있는 대만개혁신학교를 설립하셨습니다.

그리고 약 30여 권의 성경 주석과 기독교 서적들을 출판하고 보급하심으로 문서선교사역에 있어 탁월한 기여를 하셨습니다.

이 책들은 지금도 많은 중국교회 목회자들에게 바른 성경이해와 목회사역을 위한 나침판이 되고 있는 것을 현지에서 확인할 수 있었습니다. 또한 중국 본토에서 개혁주의 신학과 신앙 운동을 시작하셔서 중국 개혁교회 총회를 조직하셨고 중국교회의 목회자 양성과 바른 신학교육을 위한 중국 다니엘 개혁신학교를 설립하셨습니다. 은퇴하신 후 노령에 휠체어를 타시고도 때마다 대륙에 건너가 신학교육에 전념하셨고 교회들을 순방하며 말씀으로 격려하셨습니다.

부족하지만 본인도 말미에 선교사님의 신학교육에 참여할 수 있는 기쁨을 맛보는 가운데 현지 목회자들이 유선교사님을 신앙의 아버지로서 존경하고 사랑하는 것을 목격할 수 있었습니다.

이처럼 유선교사님의 "3대 운동" 즉 "교회운동, 신학운동, 문서운동"을 통해 일생 동안 펼쳐 오신 선교사님의 웅대한 선교의 비전과 지칠 줄 모르는 사랑의 헌신은 오늘날 대만과 중국의 개혁교회를 깊이 뿌리내리게 하였고 앞으로도 지속적으로 개혁신앙의 풍성한 열매를 맺게 하실 것을 확신합니다.

오늘 한국교회가 이 자서전으로 요약된 중국선교 보고서를 통해 대만과 중국 선교에 대한 하나님의 은혜와 섭리를 보다 깊이 이해하고 더욱 새롭게 대만과 중국 선교에 동참하는 거룩한 도전의 계기가 되길 기대합니다.

설립자와 초대원장이신 유환준 선교사님의 헌신과 열정을 본받아서 중국 다니엘 개혁신학교가 대만과 중국 그리고, 세계에 흩어져 있는 중국인 디아스포라들을 대상으로 교회의 목회자와 기독교 지도자들을 계속 양성할 수 있기를 소원합니다.

이를 위한 선교사님의 소망대로 앞으로 대만 개혁신학교를 위시한 고신대학교와 고려신학대학원의 긴밀한 협력을 기대합니다.

대만과 중국 선교의 풍성한 열매로 하나님께 올리는 감사의 봉헌이라고 할 수 있는 유 선교사님의 자서전 출판을 진심으로 축하드립니다. 선교사님의 남은 생애에 우리 아버지 하나님의 큰 위로와 평강이 더욱 넘치기를 기도합니다.

이환봉 박사 (중국 다니엘 개혁신학교 원장)

대만과 중국에 주의 교회를 세우는데
반백년 동안 쓰임받은 선교사

이 자서전은 유환준 선교사님이 대만과 중국에서 반세기 동안 복음을 전하고 그 땅에 교회를 세우는 일에 반백년을 헌신하며 살게 하신 하나님의 섭리와 은혜를 찬양하고 그 일에 쓰임받은 자신의 삶을 돌아보며 쓴 책입니다.

1960년대 어린 시절 저는 새벽마다 유환준 선교사님의 이름을 귀에 못이 박히도록 들으면서 자랐습니다. 유선교사님이 믿음의 어머니로 여기는 저의 조모님(한내교회 설립자)이 새벽마다 유환준 목사/선교사님을 거명하며 기도하셨기 때문입니다. 1952년 거제도 한내에 설립된 한내교회의 초대 영수였던 조부 신석률영수가 소천한 후 1957년에 20대 청년 유환준은 2대 영수로 임직받고 미약한 교회를 충성스럽게 섬겼습니다.

이런 연유로 저의 조모님은 유환준선교사에 대한 애정이 각별하셨고, 소천하기까지 평생을 유선교사님을 위해 주야로 기도하셨습니다. 어렸을 때 유환준 선교사님이 조모님을 뵈러 부산의 집에 두서 차례 방문하셨던 것으로 기억하는데 조모님의 기도 소리를 통해 알게 되었던 유목사님을 실제로 뵈었던 그 느낌은 남달랐던 것

으로 기억합니다. 그 때 유선교사님은 왜소한 체격이었으나 믿음
의 용장같은 듬직한 느낌을 주었는데, 지금 이 자서전을 읽으며 그
때의 느낌이 틀리지 않았음을 다시 확인하게 됩니다.

유환준 선교사님은 일제 시대에 거제도 연초면 한내리에서 태어
나 성장했고 중학교를 졸업하자마자 한국전쟁에 징집되어 카튜사
로 복무했는데 일본 주재 미군 부대 교회를 통해 복음을 듣고 예수
를 영접하게 되었습니다. 유선교사님은 하나님이 이렇게 자신을 부
르신 것은 대만에 가서 복음을 전하는 선교사로 사용하기 위한 목
적 때문이었다고 고백합니다. 군복무를 마치고 1955년 봄에 고향
한내로 돌아온 후 그는 3년 전에 개척된 한내교회를 충성스럽게 섬
겼습니다. 그는, 20리 떨어진 마을에서 교편을 잡고 지내면서도 4
년 동안 매 주일마다 아내와 갓난 아기를 업고 함께 재를 두 개나 넘
으며 2시간 길을 오가면서 주의 몸된 교회를 눈물겹게 섬겼습니다.

교회와 성도에 대한 청년 유환준 영수의 이런 각별한 애정과 열
심을 하나님은 귀히 여기셨고 이후 한국만이 아닌 대만과 중국의
교회를 위해 크게 사용하셨습니다. 이 자서전은 유선교사님이 하
나님의 손에 잡혀 선교지 곳곳에서 주의 몸된 교회를 끊임없이 세
우고 자라게 하는 일에 얼마나 귀하게 쓰임받았는지를 생생히 보
여주는 연대기요 증거라고 할 수 있습니다. 이 자서전에는 유환준
선교사님이 30년 동안 대만 땅에 주의 몸된 교회를 바르게 세우는
키우는 일에 흘린 땀과 눈물이 어떠했는지 고스란히 드러나 있습
니다. 교단 파송 선교사 사역을 명예롭게 마감한 뒤에도 계속하여

20여년 동안 중국 대륙을 220여회나 오가며 중국에 교회를 개척하고 교회를 섬길 현지인 목사를 양성하는 일을 열정적으로 해온 역사도 담겨 있습니다.

이 자서전을 읽게 될 많은 성도들과 목사들 가운데 유선교사님의 주의 교회를 향한 열심에 감동받고 도전받아, 대만과 중국을 비롯한 열방을 향해 복음들고 산을 넘는 선교사들이 생길 것이라 믿습니다. 평생을 주의 복음을 전하고 교회를 세우는 한 길을 걸어온 유환준 선교사님과 사모님의 슬하에서 자란 자녀들과 그 자손들은 이 책을 통해 다시금 부모님과 조부모의 충성된 삶을 기억하고 존경하며 더욱 자랑스러워하게 될 것이라 믿습니다. 그리고 물려받은 고귀한 신앙의 유산대로 자신들도 주의 몸된 교회를 더욱 사랑하며 섬기는 삶을 살아 가리라 다짐할 것으로 믿습니다.

지난 반백년 동안 대만과 중국에서 유환준 선교사님의 선교사역을 통해 영광을 받으신 하나님께서 유환준 선교사님의 노년을 영화롭게 하시고 남은 여생을 통해서도 영광을 받으실 것으로 믿습니다. 일생 동안 오직 주님과 주의 몸된 교회를 위해 헌신해 오신 유선교사님과 사모님께 이 지면을 통해 깊은 존경을 표합니다. 그리고 그 충성된 삶의 역사가 고스란히 담긴 이 자서전의 출간을 진심으로 축하합니다.

신원하 박사 (전 고려신학대학원 원장, 기독교윤리학 교수)

진정한 개혁주의 선교사
유환준 목사님

오늘날 세계선교의 주역은 한국교회이다. 한국교회는 참 복 받은 교회이다. 지구상에 한국 선교사를 파송하지 않는 지역은 거의 없다. 그런데 그 수 많은 선교사들 중에 유환준 선교사는 참으로 특별한 선교사이다. 왜냐하면 그는 자유중국 대만에서 평생 선교하면서 특히 개혁주의 신학과 신앙을 사수하는 개혁종(改革宗) 신학교의 교수로서 일하면서 대만 선교의 한 획을 그었다.

필자가 유환준 선교사를 개인적으로 만난 것은, 1996년 5월 나의 신실한 제자이자 학자이신 〈이진희〉 선교사의 초청을 받고 개혁종 신학교에 칼빈주의 사상 특강을 하러 갔었다. 그때 제 통역을 맡으신 분이 바로 유환준 선교사였다. 사실 내 강의는 「칼빈주의 신학의 근원과 발전을 역사적으로 증명」하는 것이었다. 조금은 어려운 강의였다.

여기는 칼빈(Calvin), 카이퍼(A. Kuyper), 헬만 도예베르트(H. Dooyeweered), 볼렌호벤(Vollenhoven)을 언급하고, 개혁주의 신학의 설교 방법론인 〈구속사적 강해설교〉였는데, 통역하시는 유환준 목사님께서 강의자인 나보다 더 확실히 설명하는 듯 했다. 그는 영어와 중국어에 능통하시고, 철저한 개혁주의 신학에 젖어 있었기에 자유중국 대만 신학생들과 목사들을 깨우는데 명쾌했다. 그 래서 그는 중국어로 20여 권의 역작을 내신 전설적인 선교사였다.

그런데 그도 이젠 인생의 황혼길에 접어 들었지만, 또다시 노익 장을 과시하듯 〈예수께서 살리셨다〉라는 명품 자서전을 내셨다. 원고를 읽어보니 유환준 목사님은 말 그대로 한 시대를 복음과 함 께 살아온 위대한 선교사요, 지난 한 세기 동안 성령께서 그와 함께 한 동행일지라고 한다. 이 책의 전편에서 예수께서 살리셨다는 것 으로 시작해서 일생동안 주와 동행했던 기적적인 삶을 회상하면서 후학들에게 진한 감동을 주고 있다.

바라기는 이 책이 평생을 선교지에서 복음과 함께 고난을 받으 면서 주님의 거저주시는 은총의 포로가 되어 한 세기를 사신 선교 사 유환준 목사님의 개인의 기록은 말할 것도 없고, 한국 근대사의 자료로도 훌륭하다고 생각되어 적극 추천하는 바이다.

정성구 박사 (전 총신대, 대신대 총장)

이태웅 박사
(GMTC 창립원장, 현 GLF 원장)

GMTC에서 선교사 훈련을 위한 한국 선교 역사를 강의하면서, 유환준 선교사님에 대한 내용을 언급한 바 있습니다. 한국의 고신 측 총회가 1973년 대만으로 두번째로 파송하신 선교사님이긴 하지만, 유 선교사님은 사실 한국전체 교회의 선교 역사적 관점에서도 기억할만한 일찍이 파송 받으신 선교사님이십니다.

한국교회 뿐만아니라, 한국 전체 경제가 아직도 개발 시기였던 상황에서 어렵게 대만 선교를 시작하셨던 것이죠. 자서전에서도 언급하셨던 것 처럼 여러 수고를 많이 하셨을 것으로 생각합니다. 은퇴하신 후에는 또한 중국 선교까지 담당하시면서요.

유선교사님의 여러 선교업적들 중에, 제 생각으로는 아무래도 현지 교회 지도자 양성을 위해 설립하신 대만 기독교 개혁주의 신학교 (台湾改革宗神学院:대만개혁종신학원)와 중국에 설립하신 다니엘 개혁신학교 (但以理改革宗神学院:단이리개혁종신학원) 일 듯 합니다. 교회와 복음의 부흥을 위해 교회의 인재 양성은 꼭 필요하니까 말입니다.

그리고 또 한가지는 어쩌면 유선교사님의 장남이며 1993년 이후로 저희 HOPE 선교사로 활동하고 있는 유바울 선교사의 선교적 계승이 아닐까 합니다. 제 2대 선교사로서 부친 유선교사님의 현지

인재 양성의 취지를 계승하여, 중국 교육 선교를 꾸준히 진행해 왔고, 현재 미국 남침례교 신학교 Midwestern Baptist Theological Seminary의 중국부 주임교수로서 열심히 선교를 하고 있죠.

유 선교사님을 살리시고 중국 선교사로 인도해 오신 그 여호와 하나님께서 유바울 선교사를 살리셔서 하나님의 선교를 계속 이어가게 하시는 듯합니다.

유선교사님의 자서전에 있는 내용처럼, 우리 한국교회가 예수님께서 주인되심으로 천국과 같은 교회가 되고, 우리에게 맡겨주신 천국 복음을 잘 전하는 저희들이 되기를 소망해 봅니다.

우리 삶도 예수님께서 주인 되심으로 천국을 누리시길 기도해 봅니다.

유선교사님의 자서전을 읽어 보시고, 유선교사님을 살리신 그 여호와 하나님으로부터 살리심을 받으시고, 다시 영혼이 소생함을 받으시고, 하나님의 선교에 동참하는 귀한 역사가 있길 기원합니다.

이병수 박사
(현 고신대학교 총장)

먼저 유목사님의 자서전 발간과 그의 지나온 삶을 진심으로 축하드립니다. 그 이유는 유목사님께서는 학문적으로 탁월할 뿐만 아니라 목회적·교단적·선교적·사회적·가정적으로 매우 모범적인 삶을 사셨기 때문입니다. 특히 그의 삶은 고신교단 선교역사의 산 증인입니다. 심지어 선교지를 떠나 한국에 계시는 동안에도 고신대학교 외국인 신학 유학생 프로그램 중 중국인 유학생을 고신대에 오게 해서 수많은 중국선교를 위한 인재를 양성했습니다. 그 졸업생 중 한 분은 대만 개혁 장로교회의 총회장이 되는 일도 경탄할 만한 일도 발생하게 되었습니다.

유목사님의 미래의 삶은 갈렙과 같이 더 도전적이고 창조적인 삶을 사실 것으로 기대합니다. 이유는 유목사님의 이후의 삶이 선교적 삶을 사실 것이기 때문입니다. 특히 유목사님의 선교적 삶에 고신대가 함께 하고, 고신대 총장으로서 저도 유목사님의 선교적 여정에 동행하고 싶습니다. 바울과 바나바와 같이 말입니다.

유 목사님의 은퇴 이후의 삶을 생각하면서 현대 선교의 아버지 영국의 선교사 윌리엄 케리가 생각납니다. 그는 선교역사상 가장 위대한 설교를 남기게 됩니다. 성경본문은 이사야 54:2-3절에 기초해서 "하나님으로부터 위대한 것을 기대하라, 하나님을 위해 위대한 것을 시도하라"(Expect Great Things From God, Attempt Great Thing For God)라는 제목의 불후의 명 설교를 남겼습니다. 유목사님과 저가 세계선교를 위해 바울과 바나바와 같이 동역하면서 윌리엄 케리의 설교와 같이 "하나님으로부터 위대한 것을 기대하고, 하나님을 위해서 위대한 것을 시도하"는 동역과 동행의 삶을 살고 싶습니다. 오직 예수 그리스도, 오직 복음, 오직 교회와 선교를 위해 사셨던 삶이 선교학자로서 저에게 많은 도전을 주었습니다. 무엇보다도 넓으신 마음의 포용력이 저에게 깊은 인상을 남겼습니다. 특히 타인에 대한 존중과 배려였습니다.

아일랜드의 작가 버나드 쇼는 자기 묘비명에 다음의 말을 남겨 달라고 유언했습니다. "우물쭈물하다가 내 이럴 줄 알았다". 많은 사람들이 버나드 쇼의 묘비명의 말처럼 그렇게 사는지 모르겠습니다. 하지만 유목사님은 오직 한 길 주 예수 그리스도의 길에 일편단심으로 사셨습니다. '주바라기'와 같이 말입니다. 사도 바울의 고백과 같이 사셨습니다. "내가 달려갈 길과 주 예수에게 받은 사명 곧 하나님의 은혜의 복음을 증언하는 일을 마치려 함에는 나의 생명조차 조금도 귀한 것으로 여기지 아니하노라"(행20:24). 이런 삶을 사신 유목사님의 자서전 발간을 진심으로 축하드립니다.

특히 영국의 복음전도자 조지 휫트필드가 "쇠가 녹슬어서 없어지는 것이 아니라 닳아서 없어질 정도로 쓰임 받게 해달라" 는 고백처럼 살아왔던 유목사님의 남은 삶을 위해 기도하겠습니다. 감사합니다.

앤드류 맥카퍼티 박사
(대만 개혁주의 신학교)

우리는 그 책의 출판에 대해 감사할 뿐만 아니라 그 책의 내용에 대해 더욱 감사드립니다. 그것은 주님께서 주님의 종들에 대한 신실하심에 대한 간증입니다. 저는 1994년에 유 목사님을 처음 만났습니다. 저는 타이페이 외곽의 산속에 있는 작은 복음주의 신학교에서 중국어를 배우며, 강의를 하고 있었습니다. 유 목사님과 그의 두 제자는 유목사님이 최근에 타이페이에 설립한 대만개혁주의 신학교(台湾改革宗神学院 : 대만개혁종신학교, CRTS:China Reformed Theological Seminary)에서 가르칠 생각이 있는지 묻기 위해 산으로 운전해 왔던 것 입니다. 나는 CRTS 신학교의 책임자(President)가 나를 방문하기 위해 약간의 거리가 있는 곳으로 운전해 왔다는 사실에 감동했고, 대만 개혁교회에 대한 그의 부담과 열정에 더욱 감동받았습니다. 2년 후, 복음주의 신학교에서 계약을 마치고 대만개혁주의 신학교(CRTS)에서 가르치기 시작했고, 그로부터 1년 후 CRTS 신학교 이사회의 부름을 받아 최초의 전임 교수로 가르치기 시작했습니다.

CRTS에 사역하기 시작한지 얼마되지 않아 저는 신학교의 방향과 미래에 대해 여러 선교단체들 사이에 약간의 긴장이 있음을 발견했습니다. 유 목사님은 신학교가 설립 이념대로 확고한 보수적인 장로교 방향으로 계속 가야 하는 것에 깊은 관심이 있었습니다. 저는 미국장로교회(PCA) 소속 목사이지만, 저 역시 신학적, 교회론적 경향을 시작하고 있는 기독교 개혁 교회 선교를 관심가지고 진행하고 있었습니다. 1년 후, 신학교는 저에게 학장으로 섬겨 줄 것을 요청했습니다. 유 목사님은 제가 어느 입장에 서 있는지 몰랐지만, 자연스럽게 저에 대해 관심을 가지고 계셨습니다. 그러나 나에게 깊은 감명을 주었으며 감사하게 생각하는 한 가지는 바로 이것입니다. 유 목사님은 그가 평생을 바쳐온 보수적인 장로교 전통에 내가 확고하게 서 있다는 것을 이해하게 되었고, 그는 교학처장과, 현재는 신학교의 부원장(Vice President)으로서의 저의 섬김을 받아들이게 되었습니다. 유 목사님은 저를 전폭적으로 지원해 오셨고, 제가 해 왔던 일들을 기뻐하기까지 하셨습니다. 신학교 설립자가 우리를 위해 설정한 목표에 내가 충실하다고 생각한다는 사실을 아는 것은 저에게 축복입니다. 그렇기 때문에 이 축하 행사에 참여하게 되어 영광이며, 우리 신학교를 설립하고 지속적인 지원과 격려를 해주신 유 목사님께 감사의 인사를 전합니다.

그리스도 안에서
대만 개혁주의 신학교 앤드류 맥카퍼티 박사

Dr. Andrew Mccafferty

We give thanks not only for the publication of the book, but even more so for the content of the book, a testimony to our Lord's faithfulness to his servants. I first met Pastor Liu in 1994. I was learning Chinese and teaching at a small Evangelical Seminary in the mountains on the outskirts of Taipei. Pastor Liu and two of his students drove up the mountain to ask if I would consider teaching at China Reformed Theological Seminary which he had recently founded in Taipei. I was moved both by the fact that a president of a Seminary would drive some distance to visit me, and even more so by his burden and zeal for the Reformed Churches in Taiwan. Two years later, after finishing my contract at the Evangelical Seminary, I began to teach at China Reformed and a year after that I accepted the call of the Board of the Seminary to serve as the first fulltime teacher.

Not long after I arrived at CRTS, I discovered that there was a little tension between the various mission organizations concerning the direction and future of the Seminary. Pastor Liu was deeply concerned that the Seminary continue in the solidly conservative Presbyterian direction upon which it was founded. Although I was and still am a PCA pastor, I was also working closely with the Christian Reformed Church mission, which was beginning its theological and ecclesiological drift. A year later, the Seminary asked me to serve as the Dean. Pastor Liu was naturally concerned, not knowing where I stood. But one thing that has deeply impressed me and for which I am grateful, is this. As Pastor Liu came to understand that I stand solidly in the same conservative Presbyterian tradition to which he has committed his life, he came to not only accept my service as the Dean and now Vice-President of the Seminary. He came to fully support me and even rejoice in the work that I have been doing. It is a blessing to me to know that the founder of the Seminary considers me to be faithful to the goals which he set for us. This is why I say it is a honor to participate in this celebration, and to express my thanks to Pastor Liu –both for his founding our Seminary as well as for his continued support and encouragement.

Yours in Christ,
Andrew McCafferty

part 1

태로부터
군 제대까지

(1931~1955)

chapter

이

—

태로부터 살리셨다

☆

나는 1931년 음력 6월 15일 (양력 10월 15일)생 양띠다. 옛 말에 유월 양은 굶지는 않는다 했었다. 유월이면 밭의 잡초가 무성할 때다. 농부였던 어머니는 그 우거진 잡초를 그냥 두고는 잠을 못 이루신다. 그 잡초가 농사를 망친다고 생각하면 계속 앉아서 그 풀뿌리를 뽑아내야 만족의 한숨을 내쉬었다. 밭을 메는 동작은 엎드려서 호미로 풀을 뽑기도 하지만 허리가 아프니 앉아서 걸으면서 오른손으로 흙을 파고, 왼손으로 풀을 뽑으신다.

우리 밭은 비스듬한 언덕에 있었다. 거제도 연초면 한내리 약 80호나 되는 큰 마을이다. 그 중에서도 동리에서 제일 큰 밭, 두 세 사람이 매일 땀을 흘렸다. 어머니께서는 서서 보고만 계시지 않으셨을 것이다. 무거운 몸으로 거들다 보면 태아가 호흡이 곤란하여 낙태 또는 태안에서 죽는 경우도 종종 발생했다. 내가 안전하게 태어날 수 있었던 것, 어머니의 복 중에 있던 나는 예수님을 미처 몰랐지만 그럼에도 예수님을 나를 순산토록 하셨다. 어머니 태에 있던 나를 예수님이 살리셨다.

"내 어머니의 태로부터 나를 택정하시고" (갈 1:15),
바울의 고백이다.

chapter
02
—

웅덩이에서 살리셨다

☆

내가 어릴 때 당시의 화장실은 지금과는 많이 달랐다. 일단 웅덩이를 파서 시멘트로 물이 새지 않도록 곱게 단장을 한다. 그 웅덩이의 크기는 농지의 면적에 따라 대소가 결정된다. 그 이유는 웅덩이의 대소변이 비료가 되기에 밭이 많으면 웅덩이가 커질 수밖에 없었다. 어릴 적 우리집 화장실은 작은 오두막을 지어 절반을 곡간으로 사용하고, 절반은 화장실로 사용했는데, 화장실은 깊이 60cm 직경 2.3m이상 되는 웅덩이를 파 물을 질펀히 채워 사용하였다.

그때만 해도 보통 한 가정에 자녀들은 보통 5~9명도 되었는데 부모님들은 혹시나 아이들이 웅덩이에 빠질까 염려하여 웅덩이에 막대기로 엮은 작은 뗏목을 띄워 두었다. (웅덩이는 동그란 것이 아니고 큰 반달 모양이었다.)

내가 다섯 살쯤 되었을 때 작은 누나와 함께 변소로 가서 용변을 보다가 뒤로 넘어져 똥물에 빠져버렸다. 깜짝 놀란 누나는 웅덩이 속으로 뛰어들어 작은 뗏목을 겨우 붙들고 있던 나를 붙잡아 "언니야, 언니야~"소리를 쳤다. 다행히 작은 누나의 외침을 들은 큰누나가 급히 뛰어와 나와 작은 누나를 건져 올렸다. 내가 죽을 뻔했던 이 사건을 나는 88세의 나이가 되어서야 작은 누나(당시 91세)를 통해 알게 되었다. 하나님께서는 나를 선교사로 쓰시기 위해 죽음에 위기에서 다시 한번 살리셨음을 나중에 알게 된 것이다.

오 주님, 주님이 나를 선교사로 쓰시기 위해 기가 막힐 웅덩이에서 건지셨습니다. 예수님은 나의 구주!

"하늘에서는 주 외에 누가 내게 있으리요. 땅에서는 주밖에 내가 사모할 이 없나이다"(시 73:25).

chapter
03
—

산골에서 태어났다
〈앞은 바다였고, 뒤는 앵산이었다〉

☆

국민학교 5학년 때의 일이다. 내가 다녔던 국민학교는 거제도의 연초면 소재지에 있는 작은 학교였다. 하루는 학교에서 우리 마을의 청년들이 참석했던 모임이 있었다. 나는 발뒤꿈치를 들고 정신없이 구경하다가 해가 져버리고 시간이 늦어 집에 갈 길이 걱정되었다. 학교에서 집까지는 8km, 산 두 개를 넘어서 가야 했는데, 잽싸게 달리면 30분 보통으로 걸어서 2시간이 소요되었다. 큰 산은 약 5km, 작은 산은 약 3km, 왕복 사십리길(16km)산길을 매일같이 넘나들었다. 문제는 큰 산꼭대기에는 탑이 있고, 작은 산은 반드시 공동묘지를 지나 큰 탑을 지나가야 한다는 것이었다.

당시 나는 아직 예수님을 믿지 않았던 터라 귀신, 도깨비 등을 무서워했다. 어른들도 도깨비가 나온다는 지점은 늘 조심했다. 그런데 하필이면 오늘은 나 혼자 그 무서운 길을 뛰어가야만 하나? 도깨비를 걱정하면서 큰 산 중턱에 올랐는데 갑자기 배가 아파 오기 시작했다. 무섭고 당황했던 나는 고함을 질렀는데 내 고함소리를 들

나의 고향 거제도 연호면 한내리 앞바다, 후에 조선소가 들어서면서 마을 사람들이
경제적으로 많이 나아졌다.

고 동리의 청년이 올라왔다. (학교에서 훈련 마치고 왔다고 했다.)
그 형님은 고맙게도 나를 업고 가파른 산을 오르기 시작했다. 큰 탑
을 지나 안심하고 내리막 능선을 내려가는데 아프던 배가 서서히
괜찮아지기 시작했다. 나는 "형님, 내려주세요, 제가 걸어 볼게요."
라며 형님 등에서 내려와 손을 잡고 따라갔다. 형님은 날이 어두워
졌는데도 공동묘지와 탑을 지나고 천천히 걸어 우리 집까지 안전하
게 데려다주었다. 집에 도착하니 늦은 시간까지 귀가하지 않는 아
들이 걱정된 어머니는 집 밖에서 나를 기다리고 계셨다.

훗날 내가 목사가 되어 대만에서 선교하다가 귀국했을 때 그 형
님 댁에 들르게 되었는데 형님은 병환이 깊어 말씀도 제대로 못하
실 정도였다. 눈물을 흘리며 큰 절을 하고 작은 선물과 적은 용돈을
손에 쥐어드렸다. 2001년 은퇴 후 고향에 다시 방문했을 때는 형님
이 별세하시고 형수님만 계셨는데 형님을 향한 고마운 마음을 형수

님에게 전하고 돌아왔다.

내가 그 어린 시절 아파서 신음할 때 예수님은 산골 골짜기를 울려 그 형님을 보내시고, 앞으로 선교할 사람이니 도와주라고 하셨다. 예수님께서 그 청년을 보내지 않으셨다면 이미 그때 나는 산길 수풀 속에서 죽었을지도 모른다고 생각한다. 왜냐하면 그때 나의 배 아픔의 원인은 늦게 먹은 음식이 체하였다가 형님이 나를 등에 업고 계속 달리면서 자연스럽게 소화가 되어 내려간 것이기 때문이다.

옛날에는 체해서 죽는 사람이 많았다. 한 예로 어떤 새아씨가 시부모 모르게 찰떡을 숨겨 먹었는데, 체하여 갑자기 죽었다는 이야기가 있었다. 그믐날 밤중에 묻었는데 억울한 새아씨 팔자가 안타까워 결혼 때 받은 보석 등을 다 함께 묻어 주었다. 동리 한 사람이 이 사실을 알고, 새벽에 그 새아씨의 무덤을 파헤쳤는데, 송장(시신)을 뒤지니 이 아가씨가 "아이고 추워라" 하면서 무덤에서 털고 일어나 앉았다. 무덤을 판 사람은 이미 도망을 쳤고 이 아씨는 집으로 돌아갔다. 이런 일들이 종종 일어나기 때문에 아무리 미워도 사람이 죽으면 하루는 기다려야 했다.

인적도 없고 병원도 없는 산골에서 나 혼자 죽어가는 억울함을 당하지 않도록 섭리하신 예수님은 28년 후에 파송(1974년1월)하실 당신의 종을 애지중지 보호하사 살려주셨다.

이 예수님이 바로 나의 구주시다.

chapter 04

—

바다에서 살리셨다

☆

중학생 1학년 때의 일이다. 집에서 동쪽으로 가면 국민학교(초등학교)가 8km 지점에 있었고, 서쪽으로 8km 지점에는 중학교(사립, 하청면 소재지)가 있었다. 나는 당시 10명 정도 되는 또래들과 함께 통학을 했다.

하루는 방과 후 더워서 수영을 한 번하고 가기로 했다. 그 곳은 작은 만으로 건너편 바닷가에는 나의 고모집이 있고, 출발점은 학교 다니는 유일한 시골길이다. 이 모험의 목적은 고모집까지 수영으로 건너가 일본인들의 어장에서 얻어오는 작은 멸치를 얻어먹자는 것이었다. 그 멸치는 간을 맞추어 삶아서 볕에 말려야 했는데, 절반쯤 말랐을 때는 참 맛이 났다. 시대적으로 가난하고 배고픈 때였고, 특별히 방과 후 귀가시간은 대단히 배고픈 때라 고모집에 가면 멸치 배불리 먹을 수 있다는 기대가 컸다. 시장한 애들이 들뜨기 시작했다. 그 만의 너비는 우리 눈에 약 1.5km정도 되는 거리였다.

옷을 홀딱 벗어 놓고 뛰어들어 서두르지 않고 평영으로 건너기 시작했다. 그런데 가도가도 끝이 보이질 않았다. 급기야 점점 힘이 빠지기 시작했다. 겨우 도착한 곳이 미끌미끌한 바위였는데 기어

올라갈 힘이 없었다. 미끄러지고 또 미끄러지는 동안 바닷물을 마시는 친구도 있었다.

기진맥진한 우리는 겨우 고모님 댁에 들렀으나 멸치는 없었다. 멸치 먹으려다 멸치에 먹힐 뻔한 날이었다. 우리는 다시 뭍에서 해안을 따라 한 줄로 서서 걸었다. 거기는 인가가 없는 외딴 곳이었다. 정말 거리도 잘 모르고, 도착지가 파래가 낀 미끄러운 바위를 지나 겨우 집에 도착할 수 있었다.

예수님은 나를 선교사로 파송하시려고 수영법까지 훈련시키셨다. 그 어린 날, 외딴 바닷가에서 죽다가 살아난 그 날은 참으로 잊을 수 없는 날이다. 바다에서도 나를 살리신 예수님은 나의 구주시다.

chapter
05
—

6.25전쟁 중 예수님이 살리셨다

중학교를 졸업 후 곧바로 6.25 전쟁이 터졌다. 그 해 7월부터 나에게 일어난 모든 일은 지금까지 한 번도 경험하지 못한 것들이었다. 앳된 모습의 학생신분으로 군입대를 하게 된 것이다. 그때의 기억을 몇 가지 간단히 서술해 본다면,

1. 신체검사를 받았다. 다른 병은 없고, 엉덩이에 옴이 있었다. 돌아가서 다시 오라고 했다.

2. 9월에 부산 서면훈련소로 가게 되었다.

3. 3~4일 M1 소총을 안기면서 분해, 소제를 하라고 했다.

4. 내가 입소하던 날, 먼저 입대했던 부대가 훈련을 마치고 전장으로 떠났다. 이제 새 부대가 들어왔다. 이 새로 온 부대와 같이 부산부두로 인솔하여 군함에 태웠다.

5. 밤에는 훈련병들은 밖에 나갈 수 없고 일찍 자야 했다. '이 새끼 저 새끼'가 우리들의 이름이 되었다. 모든 말 속에는 쌍욕이 섞여 있다.

6. 아침 일어나서 창문을 내다보니 햇빛이 찬란한데 새파란 하늘과 낮은 산이 길게 늘어선 해안, 분명히 딴 나라인 것 같았다. 일본 시모노세키(下關)였다. 군함은 계속 항해를 하였다.

7. 도착한 항구는 큐슈(九州) 고쿠라(小倉)였다. 거기서 목욕 후 머리를 빡빡 밀어 까까중처럼 되었다.

8. 옷을 나눠줬다. 내가 제일 키 작은 사람이어서 미군의 옷은

가당치도 않았다. 고르고 골라도 내 것은 없었다. 그냥 작은 것을 입고 걷어 올릴 수밖에 없었다.

9. 운동화는 예쁘지만 작은 운동화도 없었다. 그래서 헐렁한 것을 양말을 겹쳐서 신었다.

10. 배낭을 받았다. 헬멧, 담요, 물통, 식기, 기타 등등 물품들을 모두 수령했다. 짐을 꾸려서 짊어지고는 트럭에 올랐다.

11. 모리(森)산으로 올라갔다. 해발 800m 고지, 온 산이 억새로 흰 산이 있었다. 비듬한 장소를 골라 큰 천막(20명 사용)을 쳤는데 천막마을이 온 산을 덮었다. 그 많은 억새를 마샤리(긴 칼)로 쳐서 정리했다는데, 무조건 항복한 백성들의 수고를 볼 수 있었다.

12. 비가 자주 내렸다. 미군들이 사용하는 판초(비가오면 우의, 안 오면 천막이 된다)가 너무 커서 내 바지는 마를 날이 없었다. 또 M1 소총은 내 가슴까지 높고, 비가 오면 총을 거꾸로 메야 빗물이 총구에 안 들어간다. 거꾸로 메는 총구는 정확하게 내 뒤꿈치에 접촉했다. 전투훈련을 받기에 부적합한 부분을 중대장이 주의를 줬다. 그 때 중대장과 나를 사랑하는 미군들은 나를 베이비 상(baby sang, sang은 일어, 애칭)이라 불렀다. 하루는 중대장이 베이비상 와서 내 천막 관리하고 난

로와 침대 등 정리하고 훈련에는 나가지 말라고 했다. 하우스
보이(house boy)가 된 것이다. 나는 그때까지도 예수님을 몰
랐으나 하나님께서 나를 사랑해 주셨다.

13. 영어사전(영일)을 구했다. 일본은 패전 후 거지가 됐다.
미군들이 주둔한 근방에는 몸을 파는 여자들이 우글우글했
다. 그들은 그 여자들을 '팡 팡 걸'(pang pang girl)이라고 불
렀다. 음란한 명칭이었다. 나는 매일 받는 도시락(매일 1박스,
안에는 통조림, 타바코(담배), 비누, 치약 등 모두 고급이다)
을 다 소화시킬 수 없었다. 담배는 일본군 포로들에게도 제공
되었던 락키 스트라이크(lucky strike), 하나 피워보니 머리가
도는 것 같아 안 피우고 모으기 시작했다. 천막 근처의 억새들
틈에 숨어서 군인들을 기다렸다. 나는 담배, 비누를 한 여자에
게 주고 산세이도 영일사전 1권 구해달라고 했다. 여자는 다
음날 즉시 구해왔다. 나라가 전란으로 엉망진창이었다. 고등
학교는 꿈도 못 했다. 미군들을 만났으니 이 절호의 기회에 고
등학교 영어를 복무 중에 마스터하기로 나는 결심했다. 중대
장 실에서 난로를 피워 놓고 할 일이 없어 그 시간에 영어공부
를 시작했다. yes, no, have, you를 시작으로 날마다 새 단어
를 외웠다.

14. 중대장의 통역이 되었다. 당시 졸병(한국군은 졸병, 미군
은 간부)들은 대부분 경북에서 잡혀 온 농부들이었다. 부족한

영어지만 손발을 동원해 바디랭귀지로 소통했다. 날마다 전쟁이었다. 식사를 하자는 말도 통하지 않아 식기(스테인레스제)를 흔들면서 "참참"이라고 했다. 참참은 '돼지같이 먹는다'는 뜻이다. 농부 출신의 졸병들은 음식을 입에 넣고 입술을 다물고 먹지 않고 돼지처럼 "참참"했다. 나는 더 했다. 하루는 숲에서 점심을 먹는데 내가 식사를 받아 근처에 앉은 미군 옆에 앉았다. 밥을 먹는데 그 미군이 식기를 들고 다른 곳으로 이동했다.

왜? 내가 뭘 잘못했나? 그때 그 시간에 내가 촌놈인 것을 깨달았다. 나도 참참거리며 먹는 것을 스스로도 알지 못했다. 그때부터 지금까지 나는 참참을 하지 않는다.(근자에 중국 성도들과 목사들과 같이 식사 기회가 많았는데 그들 대부분도 "참참"했다.)

보통 식사시간 후에 커피 시간을 갖는다. 농부들에게 커피는 너무 썼다. 설탕을 타고 크림을 타야 좀 맛이 든다. 한 분이 설탕을 그 큰 숟가락으로 7번 퍼 넣었다. 케이피(K.P, kitchen police, 주방장)가 그 광경을 보고 설탕이 금세 바닥나자 K.P.가 또 새 봉지를 가져왔다. 기다리던 농부 출신들은 역시 몇 숟가락씩을 퍼 넣었다. 그런데 그 봉지 안에 있던 건 설탕이 아니고 소금이었다(설탕과 소금은 외관상 똑같다). 이런저런 크고 작은 사고들이 그렇게 하루에도 몇 번씩 발생했다.

몇 가지 익힌 영어로 통역한다는 것도 우스웠다. 나는 통역이라고 해서 국군으로 편입되지 않고 끝까지 연대본부에서 봉사하다가 정전이 되어 제대하기 위하여 국군으로 편입되었다. 떠나는 마당에 연대장에게 인사를 드렸더니 바로 추천서를 한 장을 만들어 주셨다.

15. 그곳에서 새 친구들을 만났다. 미군들은 어디로 가든지 천막을 치고 예배를 드렸는데 훈련소에서도 역시 그랬다. 나는 처음에 그들이 하는 것이 무엇인지 잘 몰랐다. 그 당시 일요일이 되면 미군과 한국군 모두 외출을 했는데 대부분은 여자를 찾으러 갔다. 그때 일본 처녀들은 한 미군을 사귀면 팔자 폈다고 여겼다. 한국군들도 똑같은 짓을 했다. 그런 짓을 하면서 서로 자랑을 했다.

밖에서는 술과 도박이 일상이었다. 그런데 몇 분들은 그런 곳에 가지 않고 다른 곳을 다녔다. 어디 갔다 오냐고 묻자 "우리는 교회 갔다 온다." 라고 했다. 나는 "교회가 뭐냐?"고 물었다. 처음 듣는 단어였다. 그들이 예수님에 대한 이야기를 하는데 이해가 가지 않았다. 그들은 행동도 다른 이들과 달랐다. 늘 웃고 진실하며 사랑이 있는 사람들이었다. 그들을 한번 따라가 보기로 했는데, 그들이 간 곳은 큰 천막에 사람들이 가득 찼다. "너희 착한 행실을 보고 하늘에 계신 너희 아버지께 영광을 돌리게 하라"(마 5:16, 벧전 2:12, 고후 8:21). 미군 한 분이 영어로 열심히 연설을 하는데 모두 처음 듣는 말이었다. 그 연설하는 분을 목사라고 하였다. 당시 나는 목사가 무엇인지도 몰랐다. 목사님이 한국인 한 분을 전도사로 데리고 있었다. 그 전도사란 뜻 역시 몰랐다. 그 전도사님의 영어실력은 괜찮은 편이었는데 "예수", "JESUS"를 말했지만 나의 영어로는 전혀 이해할 수 없었다. 그 한국인 친구들도 나와 비슷했다. 그냥 예배하고 찬양도 잘 못하고 손님처럼 있다 돌아왔다. 같이 가는 친구들도 나를 못 알아듣는 사람으로 취급하는 것 같았다.

연설 중에는 JESUS(예수)라는 말이 계속 들렸다. 우선 JESUS만 들었다. 다른 말은 잘 들리지도 않는데 JESUS만 들렸다. JESUS만 하면 억새밭을 헤매지 않고, 술도 안 마시고, 담배도 안 하고, 좋았다. 나도 JESUS해야지. Jesus를 산세이도 영일사전에 보니 JESUS[dʒiːzəs], n イエス 라고만 나와 있었다. 일본인들은 예수님 미워하는 것 같았다.

16. 예수님이 나를 변화시켰다. 그 이름 JESUS가 좋았다. 예수님이 좋았다. 영어도 잘 못하는 내가 영어로 이렇게 말하고 있었다.

I like Jesus. (나는 좋아한다 예수)
I have Jesus. (나는 있다 예수)

I like church. (나는 좋아한다 교회)

I have church. (나는 있다 교회)

I like bible. (나는 좋아한다 성경)

I believe Jesus. (나는 믿는다 예수)

I praise Jesus. (나는 찬양한다 예수)

한국에서 예수님을 믿던 사람들도 같이 앉아서 예배를 드렸다. 전혀 이해할 수 없는 영문 설교였다. 모두 어중이 떠중이들이었다. 이러한 군인들을 전장으로 보내야 했다. 원래 3개월 훈련과정이나 2~3주 만에 차출이 시작되었다. 죽으러 가는 차출이었다. 언제 차출될지 모르는 두려움 속에 나는 어설프게 계속 예수를 찾았다.

I have Jesus. I love Jesus. I belive Jesus.

I love Jesus. I believe Jesus. I love him.

I praise Him.

아무것도 모르는 거제도 촌놈이 부산으로, 시모노세키로, 코쿠라, 미군중대장의 통역병으로, 영일사전, 예수님 믿는 친구들, 교회, 복음, 예수님, 하나님을 알게 되었다. 하나님께 너무 감사했다. 위대하신 하나님의 그 사랑이 너무 감사했다. 고등학교에 가고 대학교에 갔다면 예수님을 찾기 어려웠을 텐데 하나님이 나를 일본 모리산으로 유학 보내시고, 미군들과 교제하면서 예수님을 알게 하신 것이다. 감사했다.

"수고하고 무거운 짐 진 자들아 다 내게로 오라. 내가 너희를
쉬게 하리라(마 11:28).

chapter
06

—

원산상륙에서 살아났다

☆

모리산 훈련에서 훈련을 시작한지 몇 날이 못 되어서 차출이란
말이 온 부대에 퍼졌다. "차출"이란 말은 한국 전쟁에 파견된다는
뜻이었다. 차출이 되면 죽으러 간다는 뜻이기도 했다. 모두 총만 사
용할 수 있으면 된다는 말로 서로를 위로했다. 한 부대, 또 한 부대
계속 출발했다. 언제쯤 차출될지 아무도 모르고 있었다.

어느 날 트럭을 타고 하산하는 것을 알았다. 하산하는 것까지 알
았으나 그 외의 일은 전혀 기억이 나지 않는다. 어느 날 야밤에 항
구에서 하선 후 시내로 들어갔다. 어느 지점에서 내려 미군들과 같
이 모여(약 10여명), 날이 추워 나무토막들을 모아 불을 피웠다.
"여기가 어디냐?" 물었더니, 함경북도 "원산"이라고 했다. 적진에

들어와서는 기도를 숨기고 숨죽이고 대기해야 할 터인데 그들은 불을 피우고 우두커니 앉아 놀았다. 갓 군인이 된 내가 보기에도 적들의 공격목표로 완전히 노출되어 있었다.

나는 그날 그 밤에 적진에서 꼼짝없이 죽는 줄 알았다. 밤새 두려움에 떨었고 날이 밝았다. 그날 적진에서도 예수님이 살리셨다.

> "내가 이같이 우매 무지함으로 주 앞에 짐승이오나
> (시 73:22)".

20세 당시 나는 카투사(KATUSA=Korean Augmentation Troops to United States Army 즉 한국인 편입부대 미군, 미군에 파견된 한국군)와 한국 전쟁에 대하여 자세히 알지 못했다. 현재 90세된 나는 지금에서야 카투사와 한국전쟁에 대하여 인터넷 검색을 통하여 대략 살펴보았다.

더글라스 맥아더(Douglas Mac-Ar-Thur, 미국 육군 원수: 1880~1964) 장군은 서울이 공산군에게 함락(1950년6월29일) 된 것을 보고, 9월15일 새벽2시경 16개국 유엔군을 인솔하여 인천상륙전을 감행하였다.

이 작전이 유명한 것은 인천 이북의 공산군은 더 이상 남침 못하게 하고, 이남의 공산군은 도망하지 못하게 하여 몰살시키는 작전이었다. 또한 맥아더 장군은 10월 2일에 원산 상륙을 명령했다. 미군 제10군이 원산에 오르기 전에 국군 제1군은 10월 10일에 원산을 탈환시켰다. 미군 제3사단이 그쯤에 원산에 도착했던 것 같다.

chapter
07

추위에서 살려주셨다

☆

거제도 출신인 나는 북쪽의 함경도 원산의 추위를 견디기가 어려웠다. 나는 수색대에 배치되었다. 주로 야간 활동을 하게 되는데, 당분간 수색 활동을 못할 형편이었나. 낭분간 인내 본부를 보호해야 했다. 야간에는 전차 1대가 지켜주었다. 그런데 우리가 전차를 지켜야 했다. 1군인이 4시간씩 보초를 섰다. 총을 메고 전차 옆에서 서 있어야 했다. 원산지역이 워낙 추웠기 때문에 엔진이 얼지 않도록 시동을 끄지 않는다. 전차 옆에서 얼굴과 손은 그나마 전차의 열기를 받으면서 보초를 섰다. 문제는 발이었다. 아직 가죽 군화를 받지 못하고 운동화를 신고 있었는데, 4시간 동안 발을 동동해야 하는데 눈물 나고 아팠다. 이를 깨물고 교대시간 기다렸다. 교대하는 사람이 1분만 늦어도 총질할 정도로 힘이 들었다. 예수님은 나를 선교사로 보내시려고 그렇게 훈련시키셨다. 예수님은 밤마다 나를 지켜 주셨다. 원산에서…. 예수님이 나를 살려주셨다.

"사람이 감당할 시험밖에는 너희가 당한 것이 없나니… 시험 당할 즈음에 또한 피할 길을 내사 너희로 능히 감당하게 하시느니라"(고전 10:13).

chapter
08
—

총구에서 살려주셨다

☆

북에서는 1950년 10월 말부터 추위가 시작됐다. 중대장은 처음엔 천막(2인용)을 사용하다가 나중에는 피난민들이 집을 비우고 남한으로 피난 갔다. 한 부락을 점령하면 천막 치지 않고 깨끗한 빈집으로 들어가서 그 남겨둔 비단 한 이불(두께 약 6cm)을 깔고 덮고 따뜻하게 지냈다. 주인을 잃은 소가 굶어 죽어 갔다.

카투사 중에는 북한에서 피난 온 사람들 중에도 우리와 같이 복무한 이들이 있었는데 그들은 남쪽 군인들과 달랐다. 말(깨끼 등), 행동(빠르고 잔인한), 습관(술, 담배, 싸움, 노름 등) 특이 하였다.

그들이 굶어 가는 소를 보면 바이넬(군인용 작은 칼)으로 푹 찔러 피를 내고 각을 떴다. 바비큐(Babecue)가 시작되곤 했다.

나는 총을 메고, 또는 땅에 세우기도 하고 바비큐를 구경하다가 같이 먹었다. 파티(잔치)가 된다. 무심코 총을 들었다가 땅에 탁 놓았는데 꽝하고 한방 터졌다. 파티가 전쟁으로? 내가 언제 그랬는지 실탄을 재어 놓고 있었다. 총을 땅에 놓는 순간 방아쇠가 당겨져서 총이 발사된 것이었다. 내 총에 내가 전사할 뻔했다. 주여! 나를 용

서 하소서. 그렇게 조심성 없이 군인 생활이라니… 그 총구를 들여
다보면서 그랬으면 그만 끝나던 날이었다.

예수님이 총구에서 나를 살려주셨다. 앞으로 선교사로 보내시려
고 자기 총에 전사되지 않도록 지켜 주셨다. 예수께서 살리셨다.

"너희 머리털 하나도 상하지 아니하리라"(눅 21:18).

chapter
09
—

흥남에서 살리셨다

☆

흥남 철수는 아래와 같이 진행되었다.

1950.12.15 미해병대 1사단.
1950.12.17 한국군 수도사단.

1950.12.21 미7사단.

1950.12.24 미3사단 등 모두 105,000명 정도

위와 같이 철수한 군인들 외에 아래와 같은 일도 있었다.

피난민 약 200,000만명 이상.

탱크 약 175,000대

포탄 약 35만 톤

이러한 철수가 흥남에서 이뤄진 원인은 1950년10월 중 원산을 탈환했으나, 1950년 12월 원산이 다시 중국군에 점령당했다. 남쪽으로 후퇴할 길이 없어 흥남부두를 통해 철수할 수 있었다. 우선 피난민들을 철수시키기 위해 민간 배들 200척 정도가 동원됐다.

가장 큰 피난선은 미국의 주유선 빅토리 호였다. 이 주유선에는 300톤 정도의 기름이 실려 있었다. 이 주유선에 자리를 만들고 피난민을 태웠다. 1만 4천 명을 앉히지 못하고 세워서 3일간 항해해서 1950년 12월26일에 거제도에 도착했다(위의 내용은 컴퓨터 검색 "흥남 철수"에서 얻은 것).

내가 흥남부두에 도착했을 때 그 큰 주유선은 이미 떠나고 없었다. 12월24일 오전에 출항한 것 같다. 나는 소위 통역으로 따라다니는데 (전선에 대한 것은 전혀 몰랐다) 부두에는 군함 1척만 남아 있었다. 이 군함은 유엔군 해군소속의 빅토리 127호였다.

앞의 피난선을 타지 못한 피난민들이 이 배를 같이 타자고 난리가 일어났다. 그러나 전략상 피난민은 군인과 같이 탈 수 없었다. 거의 10여일 정도 모두 집을 비우고 속히 피난선을 타라고 방송을

내가 당한 흥남부두 폭파 직전의 상황

했다. 그러나 미루고 의심하고 방송을 듣지 않고 설마설마 하다가 중공군 선발대가 흥남 뒷산의 전신주에 올라가서 해안에 있던 민간인들에게 총을 쏘기 시작했다.

　배는 한 척 뿐, 중공군은 인해전술(사람들을 실탄대신 우리들에게 쏟아 붙는 전쟁)로 몰려왔다. 당시에 중국군은 3km 앞에 접근했을 때였다. 선발대의 총소리가 탕탕 들리자 그제야 정신이 돌아왔다. 같이 가자. 우리가 LST(상륙함)에 올라가지 못하도록 피난민들이 난리를 일으켰다. 그 때 한 미군이 앞에 선 두세 사람을 총으로 쏘았다. 그래도 죽자사자 같이 가자. 우리가 근근이 작은 배에 올랐다. 그 LST가 마지막 상륙함이였다.

　나는 무거운 배낭을 짊어지고 그 큰 M1(엠 원) 총은 메고, 좌우

손에는 기관총 실탄 두 케이스(한케이스가 20키로 정도)를 들고 올랐다. 군함에 올라탈 때는 그물망을 기어올랐다. 군함에 올라 선실에 들어가려는 데 우리 군함에서 대포 한 발을 쏘았다. 그 대포 한 발로 그 순간 흥남부두는 불바다가 되었다. 한국 6.25전쟁은 1950년 6월 25일에서 12월 24일까지 만해도 세계전쟁사에서 그 규모가 큰 것이었다.

1. 흥남부두 앞바다에 하얀 군함 한척이 서 있었다.
2. 갑자기 피난민이 밀려왔다. 중공군이 왔다 했다.
3. 흥남부두 뒷산의 전선대 위에서 중공군이 탕탕탕.
4. 마지막 LST(상륙함)가 부두에 도착했다.
5. 내가 무거운 배낭과 총을 메고 피난민들과 충돌했다.
6. 피난민들이 같이 가자면서 울면서 민란이 일어났다.
7. 밀리는 미군이 두 세사람을 쏘아 죽였다.
8. 각자 기관총실탄 2 BOX를 들고 LST에 올랐다.
9. 군함에서 그물 사다리를 타고 선상에 올랐다.
10. 선실에 들어가려는 순간 누가 포 한발을 쏘았다.
11. 그 순간 흥남부두는 소돔과 고모라 같이 불타 올랐다.

흥남부두의 절박한 상황에서도 예수님이 살리셨다!

1950년 12월 24일. 흥남부두가 폭발할 때, 나는 이 빅토리 127호 군함위에서 친히 목격했다. 당시에 "같이 가자"고 울부짖던 수백 명이 바닷가에 서 있었다. 결국 팔 다리가 공중으로 날아가고 소멸되었다. "피난을 가자"고 여러 날을 방송했는데도 불구하고, 그 저 가벼운 장난으로 여기다가 그만 ….

천국도 미리미리 준비하자. 소돔과 고모라 같이 되지 말자 (창19:24,25).

(1) 유엔군 대군: 16개국에서 10만명 이상 참가.
(2) 한국군 대군:
(3) 중국군 대군: 60만명 이상 참전.
(4) 피난인 민간: 30만명 이상(북한인들).
(5) 중무기 각종: 35만톤(하루에 소각한 것만도).
(6) 맥아더 장군: 최고 사령관으로 친히 진두지휘

맥아더 원수, 나의 생명을 살려준 내가 존경하는 인물이다

맥아더 원수의 간략한 이력

①1880. 1. 26 - 1964. 4. 5 (84형년).

②1903. 6. 11 사관학교 93명중 수석 졸업

③1919 - 1922 사관학교 교장 부임

④1930 미국 육군 참모 총장(대장) 부임

⑤1944. 10 五성 장군(원수)

⑥1950 9 .15 인천상륙(유엔군 인솔).

⑦1950. 9. 28 서울 수복.

⑧1950. 11. 26 장진호 철수 지휘. 장진호 전투에서 유엔군 사상 1만 7천명 발생.

⑨1950. 12. 9 대통령(트루먼)에게 원폭 청원.

⑩1950. 12. 24 원폭 34개 사용 계획서 완성. 북한, 만주, 중국에 폭격하기로 함.

⑪1951. 4. 6 트루먼 대통령이 맥아더 장군 해임 의논.

⑫1951. 4.11 트루먼 대통령이 맥아더 장군 해임.

당시 대부분의 미국인들은 맥아더 해임 반대하였는데, 결과적으로 트루먼 대통령이 몰락하였다. 당시 트루먼의 지지율이 22%였는데, 트루먼의 실패로 미국 정권은 공화당에게 빼앗기게 되었다.

⑬맥아더 장군은 결혼 후 아이가 없었다. 결국 결혼 7년만에 이혼하고 재혼하여 아들을 하나 얻었다. 그는 원수(元首)로서 그 용모에는 흠이 없었다. 그는 미국인의 자랑이요, 세기적 위인이었다. 그는 어렸을 때 "주의 기도문"으로 주 예수 그리스도를 자주 불렀다. 그는 하나님께서 한국에 보내신 은인이었다. 그의 인천 상륙은 하나님께서 주

신 그의 능력을 증명했다. 당시의 전략가들은 인천상륙의 성공률을 5000분의 1로 내다봤다. 그러나 성공했다. 그러나 장진호 전투에서 유엔군 1만 명 이상 전사, 동사 등 패전 당한 것은 많은 사람들의 의혹을 받았다. 역사적 패전의 원인은 악천후(-37°) 조건과 미 대통령 트루먼의 전술에 대한 몰지각한 패기였다. 전투나 선교는 현지인의 보배로운 경력이 중요하다. 책상에 앉아서 무슨 이야기를 한들 실효성이 떨어진다. 당시 1950년 11월 10일 ~ 12월 24일까지의 전쟁은 맥아더 장군의 해임을 초래했다. 그때 핵을 사용했으면 아시아가 이렇게 공산화 되었을까? 트루먼 한 사람으로 인하여 세계인구의 1/3이 공산주의자들이 되었다. 오늘날 공산주의 잔재를 여전히 유지하고 있는 중국, 러시아, 북한 등 저 사악한 국가들을 하나님께서 뒤집어 주시지 않으시면 세상은 더욱 어두워지겠다.

2019년 12월 초 미국의 트럼프 대통령이 북한을 향하여 필요하면 핵무기를 사용할 수 있다 했더니, 이북에서도 그렇게 대응하겠다 했다. 이번은 먼저 쏘는 편이 이긴다. 북한을 공격하면 중국이 가만 있을까? 이제는 핵무기 쓰기도 불편한 세월이 되었다.

맥아더 원수께서 퇴역하시고, 뉴욕 브로드웨이(Broadway)에서 그의 퇴역 경축 퍼레이드(Parade)가 있었다. 그 날 그를 세기적 영웅으로 칭찬한 시민들은 맥아더가 경축차를 타고 브로드웨이를 지나갈 때 대로의 양쪽 시민들은 준비했던 꽃송이들을 맥아더 원수에게 퍼부었다. 그의 팬들은 우렁찬 노래와 칭찬으로 브로드웨이를 채웠다. 그 퍼레이드가 끝난 후 청소를 맡은 이들은 고개를 저었다.

2017년 미국 버지니아 주에 제막된 장진호 전투기념비. 한국전쟁이 한창이던 1950년 12월, 피난민 10만명을 대피시킨 흥남철수 작전은 '장진호 전투' 덕분이었다.
맥아더 장군의 지시로 내가 속했던 7사단은 피난민 철수를 돕기 위해 흥남부두로 향했다

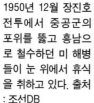

1950년 12월 장진호 전투에서 중공군의 포위를 뚫고 흥남으로 철수하던 미 해병들이 눈 위에서 휴식을 취하고 있다. 출처 : 조선DB

    그 이유는 시민들이 퍼 부은 꽃더미는 자그마치 대형 트럭으로 13대나 되었다. 역사적으로 미국에서 그렇게 많은 꽃 퍼레이드는 단 두 번 있었다.

    한번은 우주인 한 분이 달나라 갔다 왔을 때와 맥아더 원수의 퇴역 축하 때였다. 그가 받은 꽃덩이가 그를 세계적 위인으로 증명했다. 그와 같은 위인이 다시 오기도 만무하지만 혹시 와도 핵폭을 결정하기는 어려울 것이다.

    맥아더 장군이 미국 제3사단을 장진호 근처로 파견했으면 나 같

은 어린 쫄병(베이비상, baby sang, 애기야)은 누구보다 먼저 얼어 죽었을 것이다. 그때 제3사단은 전선이 아닌 피난민들을 지도하고 있었다. 1950년 12월 24일 오후 마지막 군함을 타고 흥남부두가 불바다 된 것까지 목격하고 떠나게 하신 우리 하나님의 섭리를 영원히 찬송하리라. 흥남부두를 이별하고 그날 밤 저녁은 특식이 있었다.

나는 몰랐는데 미군들은 성탄전야(Christmas Eve)라며 즐거워했다. 인상에 남은 것은 칠면조(turkey)를 처음 먹었다. 부두에서 함께 오지 못한 사람들 생각에 맘 아픈 그 밤에 나는 칠면조를 먹으면서 위로를 받았다.

살아온 군인들은 성탄선물(Christmas Present), 예수님의 선물로 여기면서 큰 감사를 돌렸다. 예수님께서 나를 선교사로 쓰시려고 장진호 지옥골로 안 보내시고, 또 불바다가 된 흥남부두에서 마지막 군함에 태워 나를 살려주신 그 큰 은혜 영원토록 찬송하고 찬송하리라.

"나는 여호와의 군대 장관으로 이제 왔느니라"(주5:14).

chapter
10
—

터널에서 살다났다.

☆

1950년 12월 25일 부산 부두에서 상륙하여 계속 38선 쪽으로 북진하였다. 1951년의 군생활은 기억에 남는 것이 많지 않다. 1951년은 서울 북쪽으로 올라가서 의정부 근방에서 주둔했다. 전우 한 분과 의논해서 휴가를 신청했다. 국군보다 쉽게 허락을 받았다. 그때의 교통은 문제가 많았다. 우선 의정부에서 서울로 가는 군용차를 사용했다. 서울에서 부산 가는 열차는 어려웠다.

차비도 문제이지만, 사람들이 많고, 카투사(미군들과 함께 군 생활하는 자들)들은 가방에 온갖 것들(담배, 비누, 치약, 기타)이 다 있어 헌병들이 그것들을 탐내어 이 핑계 저 핑계로 빼앗아갔다.

안 주겠다 하면 "몇 호실로 와라". 가방은 무겁고, 사람 틈에 밀리면서 빠져나가기가 힘들었다. 그때부터 나는 헌병을 싫어한다. 지금도 싫어한다. 그래서 짐차 (호실이 없고 그냥 누워서 간다)에 전우와 또 다른 이들과 같이 탔다.

그러한 열차가 터널을 지날 때는 기관차가 뿜어내는 연기 때문에 혼이 났다. 목적지에 도착하니 얼굴이 검둥이와 같았다. 야간에

54   예수께서 살리셨다

이동할 때는 또 피곤해서 잔다. 엄마, 아빠 찾아서 가는 이 휴가, 이 것이 또한 다른 전쟁이었다. 전우와 나란히 곤하게 자는데 터널을 만났다. 그 연기가 불같이 뜨거웠다.

옆의 전우가 놀라서 우뚝 일어서더니 그만 터널 벽에 쳐 박혔다. 모두 소리를 질렀다. 터널을 빠져나간 기차는 아는지 모르는지 계 속 간다. 소리를 질러서 결국 기차를 서서히 세웠다. 내가 내려서 택시를 타고 터널로 기사와 함께 들어가보니 숨이 붙어 있었다.

피투성이가 된 이 사람을 둘이서 끌고 가서 택시로 병원에 갔는 데 거기가 조치원이라고 했다. 군인이기 때문에 그는 무료보 치료 를 받았다. 병원에 맡겨 놓고 또 다음 차를 탔다. 부산에 도착하면 하루 한번 한번 가는 배가 있는데 부득불 자갈치 여관에서 자고 출 발했다. 휴가가 끝나고 귀대하는데 우선 조치원 병원에 있던 전우 를 보고, 귀대한 이후 보고도 해야 했다. 인간으로서, 전우로서, 맘 에 예수님의 사랑이 움직이고 있었다.

귀대해서 이 사실을 보고하니, 전우들이 "잘 했다. 수고했다" (Good! Thank you).고 했다.

예수님께서 나를 자기의 선교사로 파송하시기 원하사, 두사람이 짐차에서 자고 있었는데 갑자기 뜨거운 연기가 불어 닥쳐 하나는 뛰어내리고, 하나는 그대로 앉아 있게 하사 살려 주셨다. 오묘하신 예수님, 십자가를 지신 그 손으로 나를 건지사 안전하게 보호하신 그 사랑 찬양 하리로다.

"참새 두 마리가 한 앗사리온에 팔리지 않느냐 그러나 너희 아버지께서 허락하지 아니하시면 그 하나도 땅에 떨어지지 아니하리라. 너희에게는 머리털까지 다 세신 바 되었나니" (마 10:29,30).

chapter

11

—

벙커에서 살려주셨다.

☆

벙커(bunker)는 전장에서 적군의 공격을 피할 수 있는 은신처로 사용하는 구덩이 참호(塹濠)이다. 혹은 오피(O.P.= observation post) 즉 관측소이다. 나는 1952년 후반 경 소위 철원의 백마고지 앞으로 파견 받았다. 그때 나는 미 3사단 15연대(별명은 캔두, Can do연대, 즉 죽어도 해내는 연대)의 수색대에 근무하였다. 주로 포를 쏘아 적군을 죽이고, 짐 싣는 전차를 타고 전장에 가서 부상병과 죽은 자들을 실어와서 그들의 소지품 또는 호주머니의 것들을 뒤져서 정보를 수집했다. 이 짐 싣는 전차는 자주 지뢰밭을 통과했다.

중공군 적군들을 실으면 우선 "수웨이" (水, 물)를 찾는다. 그것이 내가 처음 들었던 중국어 단어였다. 우리는 주로 밤중에 활동하였다. 벙커에는 5~6명이 함께 거주했다. 교대로 기관총 옆에서 적군을 정찰한다. 낮에는 비교적 안전하다. 문제는 밤에 기어오는 적군이 무섭다. 중국군은 대부분 수류탄을 한 두개 가지고 다닌다. 우리 벙커는 백마고지(395m)와 맞서고 있었다. 거리 약 2km, 고함치면 들리는 거리다. 낮이면 우리 전투기가 백마고지를 자주 공격했다. 그 능선은 직선으로 놓이지 않고 2시 방향으로 올라간 능선이다. 얼마나 포를 많이 퍼부었는지 그 파괴된 암석으로 흰 산이 되었다. 그래서 백마고지라 한다.

솔직하게 병사들은 모두 전장에서 죽어야 하는가? 살아야 한다. 비록 적군이지만 그들도 마찬가지였다. 야밤에 수류탄을 가지고 와서 살짝 던져 놓고 가면 우리는 그냥 매장되는 거였다. 제법 오래 그 벙커에서 살았으나 한번도 기어와서 놀라게 한 적이 없었다. 낮에는 밖에 나와 볕을 쪼였다. 낮이면 밥그릇에 버터를 넣고 날달걀을 까 넣고 후라이를 해서 빵에 말아 커피와 함께 먹는 일이 많았다. 지금도 날달걀을 깔 때 한손으로 깐다. 대부분 부인들은 두손으로 달걀을 깨뜨린다. 이런 벙커 생활을 다 마치도록 예수님이 나를 보호해 주셨다.

앞으로 선교사 보내시려고 날 살려주셨다. 중국 성경 갈 6:1에, "우연히 범죄하면"이란 말씀은 원어로 "ean, 에안"이라고 하는데, 만약이란 말씀이다. 다시 말하면, 죄를 지을 때 우연히 죄를 짓는

백마고지 맞은 편, 적진과 대치하고 있던 벙커. 나는 전쟁
통에서도 영어공부를 쉬지 않았다.

것이 아니고 "고의(故意)범죄" (한글 성경은 짐짓 죄를)가 되는 것
이다 (히 10:26). 죄가 클수록 우연히 범죄하는 것이 아니고 고의로
범죄한다. 우연은 없다.

　　우리 개혁파교회는 특별히 "예정론"을 주장한다. 그 험난한 전
장에서 살인하지 않고, 범죄하지 않고 그냥 지낼 수 있는 것은 거의
불가능한 것이다. 그러나 내가 살인하지 않고 지낼 수 있었던 벙커
생활에는 예수님의 섭리가 함께 하셨다. 전적으로 예수님의 간섭
이었다. 우리들의 벙커를 예수님께서 애지중지 보호해 주셨다.

　　우리 폭격기가 백마고지를 못살게 폭격해도 적군의 폭격기는 그
림자도 없었다. 몇 번 박격포가 날아왔었다. 그러나 그것은 그 사람
들의 장난처럼 느껴질만큼 가벼운 수준의 것이었다.

예수님이 벙커에서 나를 살리셨다.

1950.12.24, 흥남에서 부산으로 전략적 후퇴 후, 1951.1.4, 후퇴 후 U.N.군은 서울 이북을 파수했다. 1952.10.6~10.15사이 중국 보병 제38군단의 6개 연대와 한국군 보병 제9사단 군대가 철원 소위 백마고지 중심으로 10일 간 전쟁했다. 그때, 미 보병 제3사단, 제15 연대의 수색대가 백마고지(396m) 맞은 편 작은 언덕에 벙커를 짓고 주둔했다. 이 언덕에서 보초 외의 시간은 영어공부를 했다. 주일이면 혼자 지프차를 타고 철원평야를 건너가서 예배를 드렸다.

chapter

12

—

지프에서 살리셨다

☆

벙커 생활은 재미있었다. 하루는 주일인데, 장소는 들어서 알고 있었으나 길이 멀고 불편했다. 앞을 보면 평양 가는 철로가 평원 왼편에 있고, 뒤를 보면 후방인데 저 멀리 언덕에 텐트 교회가 있었다. 평원은 넓고 우리가 사는 벙커에서 그 평원을 건너가려면 외길이 직선으로 있었다. 차를 타면 일방도로(원 웨이, one way) 뿐이었다. 농부들이 몰고 가는 우차(소가 끄는 수레)는 겨우 비껴 통과할 수 있는 길이었다. 내가 교회 가려면 때때로 비가 와서 타이어가 빠지는 길이 되거나, 이미 길이 꽁꽁 얼어 있었다.

교회는 가고 싶은데 누가 도울 이가 없나? 모르겠다. 나 혼자 가본다. 분대장에게 차를 좀 빌리자 말했다. 분대장은 너는 차를 운전할 수 없지 않느냐? 라고 했지만 나는 갈 수 있다고 말했다. 그러면 가보라는 허락을 받았으나, 큰일났다. 사실 나는 차 운전을 해 본일이 없었다. 다만 자기들이 운전할 때 눈 여겨 본 것뿐이었다.

당시 차(지프차, jeep)는 언덕에 정차해 있었다. 발동을 하면 차가 내려 갈 건데? 좌우간 준비해서 차를 타고 시동을 걸었다. 차가 내려간다. 브레이크로 천천히 내려가서 평지에 도착해서는 얼어 있는 일방도로에 올려 놓았다. 운전대 잡을 것도 없고, 클러치만 약간 눌러주니 열차 철로 위에 놓은 것과 같았다. 긴장이 풀려 약 4km 교회 언덕에 도착하니 한 편 즐거웠다.

교회에 도착해 시동을 끄고 브레이크에서 발을 떼니 정차가 되었다. 빨리 내려가서 돌 하나 주워 다가 타이어 밑에 받쳐 놓고 예배를 드렸다.

Lord Jesus Christ! I Praise You.
주 예수 그리스도 제가 주님을 찬양합니다.

돌아오는 길 역시 똑같은 방법으로 운전해 홈이 파인 일방도로를 타고 벙커에 도착하니, 그레이트(great), 위대하다 칭찬이 자자했다. 만일 벌판이나 언덕에서 차가 고장이라도 났으면 나는 어찌 되었을까?

예수님이 나를 선교사로 보내시려고 지프차에서 살려주신 것이다.

예수님께서 "하나님을 믿으니 또 나를 믿어라"(요 14:1).

chapter
13
—
전우 총에서 살리셨다

☆

벙커 생활을 마치고 연대 본부로 교대하였다. 몇 일 쉬었다. 하루는 특공대로 역시 백마고지 기슭까지 가기로 했다. 당시에 신병이 와서 훈련 겸 같이 가기로 했다. 6명이 중형차로 우리가 살던 벙커 근처까지 데려다 주었다. 차는 거기서 우리들의 돌아오는 것을 기다리고 있었다. 우리가 출발하는데 제법 높은 산에서 써치 라이트(search-light, 탐조등) 등을 켰다. 온통 골짜기가 밝았다. 적군은 자기들의 활동을 조사한다고 생각했는지 모르겠다. 실은 우리 특공대가 안전히 목적지까지 도착하게 해준 것이다. 보슬비가 내렸다. 신병 전우가 춥다 하며, 중형차를 타고 오는 중에 가진 총으로 이렇게 저렇게 만지며, 긴장하고 있는 모습을 보여주었다. 우리가 활동할 때는 내가 제일 먼저 간다. 뒤의 사람과는 6m 앞으로 따로 걷는다. 나를 맨 앞에 세우는 원인은 미군들이 자주 되풀이하는 말이다.

(1) 너는 밤눈이 밝다. 검은 눈이다.
(2) 너는 고참 병사다. 경험이 많다.
(3) 이 전쟁은 너희들의 전쟁이다.

나는 아무 할 말이 없었다. 위의 말들은 구실이다. 속맘은 우리가 지뢰밭을 헤메고 다니는데, 지뢰를 만나거든 너 혼자 당해라. 우리는 살게 하라는 것이다. 미군들이 살아야 돌아가야 할 이유는?

(1) 우리는 로테이션(rotation, 교대) 즉 교대가 된다.
(2) 귀대하면 결혼해서 즐겁게….

미군들은 한국에 왔다 가면 모두 오버페이(over-pay, 외근수당)를 받게 된다. 그렇게 되면 새 차를 사게 된다. 이것이 그들의 소망이었다. 미군들은 여자친구(애인)들을 지나치게 좋아하는 것 같았다. 당번(근무시간) 외의 시간은 주로 애인들에게 편지하고 편지 기다리고, 편지를 받으면 그 편지를 공개했다. 편지에 키스한 흔적을 보여주기도 했다. 흔적이 한 개 두개 … 다섯 개 등 자랑한다.

한 친구는 자기 여자친구를 내게 소개해 주었다. 그 여자친구가 내게 영어성경을 보내주었다. 나는 그 성경 지금도 가지고 있다. 편지도 몇 번 받았다. 그 전우는 나에게 말했다. 그녀는 매우 아름다운 여성이며, 자신이 한국 올 때 그녀와 하룻밤을 보내고 왔기 때문에 꼭 살아 돌아가야 한다고 했다.

나는 6m 앞에 서서 갔다. 앞서서 가는 이 고참병은 뒤 따라 오는 친구들이 모르는 한 비밀을 알고 있다. 적군이 우리를 봤을 때 나에게 먼저 총을 쏘지 않고 뒤에 오는 여러 사람에게 연발로 사격한다. 왜냐하면 나에게 땅하고 총질하면 뒤의 사람들은 숨어버린

백마고지 맞은 편 철원 평야 모퉁이의 참호. 미군들과 참호에서 같이 생활하면서 그들은 영어 선생이고 나는 영어 배우는 학생이다.

다. 하나를 먼저 쏘나? 여러 사람을 쏘나? 물어볼 것도 없다. 앞서서 가는 나를 향한 사격은 한 번도 당한 적이 없었다. 예수님! 감사합니다.

그 날 밤 6m 먼저 서서 목적지에 도착했다. 우리가 도착점까지 무사히 도착하도록 도와 주었던 그 큰 서치라이트 등이 꺼져 있었다. 이제 밤은 깜깜하고 비는 계속 내렸다. 자리를 잡고 소리내면

안된다. 거기가 적군의 마당이요. 조용하다. 갑자기 한 사람이 나타났다. 옆에 앉았던 전우가 총을 쏘았다. 적군이 아니고 아군 신병이 넘어졌다. 탐조등을 켜보니 전우가 죽었다. 아군 총에 맞은 것이다. 졸다가 놀라서 일어났던 신병이 총을 맞았다.

총 쏜 전우도 졸다가 적군이 온 줄 알고 쏘았다. 네 사람이 시신을 들었다. 적군의 박격포가 날아왔다. 너무 가까운 데서 쏘니, 위력이 대단했다. 비가 계속 내려 시냇물이 발목까지 올라 찼다. 총에 맞은 미군 신병, 그렇게 무거웠다. 기다가 앉다가 끌다가 중형차에까지 가야하는 데 이 시체가 너무 무거웠다. 탐조등이 비추니 그나마 좀 빨리 움직였다. 박경포탄이 계속 날아왔다. 참 이것이 전쟁인가? 나는 힘이 없어 도와 줄수 없었고, 자기들끼리 혼이 났다. 기다리던 차가 발동했다. 그 신병 얘기다. 그렇게 긴장하고 초초하고 하더니 결국 몇일도 아닌데 전사했다. 역시 전사로 보고 할 수밖에.

예수님, 졸던 전우 옆에 앉았다가 죽을 뻔했습니다.
앞으로 선교사로 보내시려고 깜깜한 중에 나를 살려주셨습니다.

"내가 사망의 음침한 골짜기로 다닐지라도 해를 두려워하지 않을 것은 주께서 나와 함께 하심이라. 주의 지팡이와 막대기가 나를 안위하시나이다"(시23:4).

chapter

14

눈속에서 살려주셨다

☆

1953, 1월 금화전투에서 활동했다. 어느 날 눈이 내려온 전선이 눈천지가 되었다. 그 눈천지로 순찰을 나갔다. 어느 산에 올랐다. 내려다보니 아주 절벽과 비슷한 높은 산이었다. 적어도 5시 방향으로 언덕진 골짜기였다. 깊이가 무려 300m 이상 된 골짜기, 산꼭대기에서 약100m 내려간 곳에 묘 비슷한 곳이 있었다.

날 더러 그 묘처럼 생긴 곳에 내려가서 혹시 적군이 올라오는지 정찰해보라 했다. 이것은 인종 차별이었다. 자기들은 산꼭대기에 편히 쉬고 나는 절벽 같은 곳에 내려가라 했다. 우리 전쟁이니 내가 가야했다. 배낭 안에는 침낭이 있었다. 그리고 공기를 넣어서 침대로 쓰는 침대도 가져갔다. 달빛이 밝았다. 보름달인가 보다. 밤중에 흰 옷을 두루마기 같은 흰 옷을 입고 눈을 터벅터벅 걸어서 내려가 고무침대에 공기를 불어넣고 (이 일은 힘든 일이었다.) 침낭을 펴고 들어갔다.

예수님, 난 모르겠습니다. 누가 올린지, 언제 올린지 난 모릅니다(적군이 올라오면 난 끌려 내려가기에 아주 쉬운 상황, 마치 스키 선수처럼 멋지게 내려갈 수 있었다). 예수님, 날 보소서. 너무 피로하고 밤중에, 추운데 날 좀 쉬게 해 주옵소서. Amen(아멘).

잠을 깨어보니 달빛은 아직 빛나 은빛 같고, 아무도 없었다. 아무도 안 왔다. 예수님 땀이 났어요. 잘 쉬었습니다. 침낭과 침대, 침대를 들어내니 내 몸의 체온으로 인해 내 밑의 눈은 다 녹아서 진짜 무덤 같은 모양이 생겼다. 배낭을 챙겨서 올라갔다. 모두 아직까지 자고 있다.

내가 그나마 애국자였다. 옆에서 좀 쉬고, 날이 깨어 부대로 귀대하였다. 그 눈속에서 아무도 못 오게 하시고, 침낭채로 끌고가기 쉬웠는데도 아무도 못 오게 하신 예수님,

눈속에서 날 살려주셨습니다.
나를 선교사로 보내시려고 살려주셨습니다. 감사합니다.

주안에 있는 나에게 딴 근심 있으랴
십자가 밑에 나아가 내 짐을 풀었네
주님을 찬송하면서 할렐루야 할렐루야
내 앞길 멀고 험해도 나 주님만 따라가리(찬370).

시한폭탄에서 살려주셨다

☆

    1953, 봄 미 육군 3사단 15연대의 수색대가 김화 골짜기로 수색 갔다. 국군1소대(약50명), 미군1분대(약12명), 미군 중대장 인솔하에 출발했다. 어느 산 봉우리에 데려다 놓고 전차도 같이 와서 대비시켰다. 전차까지 왔으니 중요한 수색 전투였다. 역시 우리 전쟁이라 한국군이 앞에 내려가고, 미군이 뒤에 내려갔다. 골짜기 내려가서는 미군이 먼저 서고 국군이 따라왔다. 중대장이 길을 알고 있었던 것 같다. 조심스레 평지에 도착했다. 그때 미군1분대는 3명의 낙하산 부대원이 같이 왔다.

    낙하산부대는 똑똑하고 활발했다. 그 군인들은 평소에도 길을 갈 때 구령을 하면서 우쭐거리면서 손목의 옷을 걷어붙이고 활보했다. 그 사람들의 구령은 "핲호헾호, 핲호헾호" 한다. 이 구령은 낙하산을 내릴 때 이구령을 하면서 떨어지는 시간을 조정한다. 핲호헾호하고 낙하산을 펴야 산다는 것이다. 지상군이 총을 쏘기 때문에 너무 높아도 위험하고 만약 늦게 펴면 지상에 그대로 낙하하여 즉사한다. 이 낙하산 3명이 평지에 도착했을 때 핲호헾호하면서 앞으로 가버리고 안보였다. 중대장이 화를 냈고, 3명중 한 사람의 이름 "카니 카니"를 불렀다. 꼭대기의 국군 전화반이 골짜기에 중공군이 도착했다면서 후방의 시한폭탄을 1시간을 맞춰서 발사했는데 지면에서 폭발하지 않고 공중에서 폭발했다. 그 폭탄 밑에 잇는 자들은 전멸했다. 그 협착한 골짜기에 시한폭탄이 폭발하니 온 천지에 울려 퍼져 정신을 잃어버리게 한다. 그 때 60여 명이 놀라서 숲속으로 들어가 버렸다. 내가 소리질렀다. 이 폭탄은 아군의 시한폭탄이다(폭발소리만 듣고도 나는 다 알았다. 나는 고참병이었다) 후퇴하라. 후퇴하라. 그런 후에 다시 폭탄이 날아오지 않았고, 아군부대는 후퇴하고 산 꼭대기로 올라갔다. 미군 중대장은 "오늘은 너가 중대장이다." 감격한 소리로 말했다.

중대장은 그 길로 귀국하고 나는 계속 종군했다. 7.27 정전일 새벽까지 전투하고 아침에 하산하니, 모두 정전했다 한다. 그리고 전선 구석마다 대포를 쏘았으나 정전이기 때문에 이제 대포가 필요없게 되었다. 정전인데도 나는 그대로 근무하다가 1954년 10월 경 연대장의 추천서 한 장 받고, 제대를 하기 위해 국군으로 전역했다. 국군 육군 1사단으로 파견 받았다. 당시 내가 어느 부대에 속했었는지는 정확히 기억나지 않는다.

1954년 12월 사단 연병장으로 갔다. 눈이 하얗게 덮였는데 사단 본부 음악대가 나팔을 불며 높은 분을 기다리고 있었다. 내가 도착하니 나를 연병장 사열대 강단으로 "올라오라"해서 나 혼자 올라갔다. 사단 미국 고문관께서 미국 펜타곤(국방부)에서 내게 동성훈장을 전달하라고 했단다. 이것은 뜻밖의 영광이었다. 무슨 일로 내가 동성훈장을 받는다는 말인가? 위에서 말한 정찰대가 김화 산골에서 시한폭탄을 폭발시키던 그 사건이었다.

시한폭탄 1발 폭발로 끝난 원인은 내가 숲 속에 숨어있던 병사들을 불러낼 때, "이 시한폭탄은 아군의 폭탄이다. "속히 후퇴하라 후퇴하라" 소리 질렀었다. 꼭대기에 있던 사령부에서 내 말을 듣고 이 시한폭탄이 오발인 것(잘못 쏘았다)을 알게 되었고, 재빨리 폭격 중지를 명령한 것이다. 폭격중지가 없었으면 계속 폭격시켜 60여 명은 몰살될 뻔했다. 그 날 밤 참전하신 중대장이 귀국해서 펜타곤(국방부)에 보고하고, 펜타곤은 동성훈장을 보내왔다. 이 사건의 공로자는 나 혼자 뿐인 것 같았다. 한국군으로 미국 국방부의 훈장을 받은 이가 있을까? 내가 미국 갔을 때 펜타곤에 전화해서 이 동성훈장에 대한 무슨 보상금이 있는가 물으니, "그것은 당신의 전쟁이니 보상금을 줄 수 없다"하였다. 나는 또 부산의 국가보훈처에 동상훈장에 대한 보상금이 있는가 하니 그러한 법이 없어 보상금을 줄 수 없다고 하였다. 그래서 지금까지 보훈 훈장만 가지고 있다.

이 동성훈장(Brown Star)은 예수님께서 나를 선교사로 보내시려고 시한폭탄 밑에서 살려주신 놀라운 증거이자 흔적이다. 시한폭탄으로 다른 곳에서 폭격하는 것을 보기는 했으나 바로 나 위에서 폭발한 것은 처음이었다. 그 폭음 소리, 그 소리만 들어도 혼비백산(魂飛魄散) 할만했다. 아군의 오발로 나의 머리위에서 폭발한 시한폭탄, 내 평생 잊지 않고, 예수님께 감사하며 찬양합니다.

"하나님을 사랑하는 자 곧 그의 뜻대로 부르심을 입은 자들에게는 모든 것이 합력하여 선을 이루느니라(롬 8:28)."

이 동성훈장(Brown Star)은 예수님께서 나를 선교사로 보내시려고 시한폭탄 밑에서 살려주신 놀라운 증거이자 흔적이다.

1950.9.21~1955.3.20까지 4년 6개월 동안 싱부, 싱자, 성령, 삼위일체 하나님께서 극진하신 사랑으로 구사일생(九死一生) 살리시고 만기제대 시켜 주셔서 3월 22일 집에 도착했다. 날 기다리시던 어머님, "우리 환준이 살아왔나!" 아버지, 어머니 방에 모시고 나는 마루에서 큰 절 올렸다. 나의 아내는 눈물을 글썽거리면서도 한편으로는 구석에서 부끄러워 어쩔 줄 몰라했다.

그와의 결혼은 1954.2.1이었다. 3월 30일 아내와 같이 교회에 갔다. 우리 동리는 1구, 2구인데, 우리는 1구, 교회는 2구로 거리가 약 1.5km로 작은 들을 건너가야 했다. 들에서 일하는 분들이 우리를 눈 여겨 보았다. 1구는 약 80호, 2구는 약 30호, 그 중에서 한가정이 2구에 교회를 세워 신앙생활을 하고 있었다. 이제 우리는 1구에서 첫 부부로 교회에 나갔다.

"처녀가 잉태하여 아들을 낳을 것이요. 그 이름을 임마누엘이라 하리라"(사7:14).

part 2
제대부터
대학까지
(1955-1962)

삼각파도에서 살리셨다

☆

제대를 하고 거제도로 돌아온 나는 논밭 일을 도왔다. 농사는 가축, 특히 소를 키워야 정상적으로 진행된다. 그러나 내가 농부로 평생을 보내는 것은 하나님의 예정에 없었던 것 같다.

55년 3월에 제대를 하고 4개월쯤이 지난 7월 어느 날이었다. 나의 매부는 자기 집안의 어른 한 분이 거제도 고현 근처 제산에 중학교를 세우는데 교원을 찾고 있다고 했다. 그러면서 서투르긴 해도 영어를 할 수 있는 내게 이력서를 내 보라고 했다.

이력서를 접수하고나서 면접 통보를 받은 후 9월에 개학을 한다는 얘기를 들었다.(이 학교는 지방 유지들이 세운 사립학교요, 약 4년후에 폐교했다.) 집에서 그 중학교까지의 거리는 약 10km가 되었다. 당시 교통편이 있었던 것도 아니고, 수업이 시작되면 매일 통학하기에 어려운 거리였다. 부득이 제산으로 이사를 해야 했다.

학교는 당초 문을 열려던 9월보다 한 달 늦은 1955년 10월17일에 수업을 시작했다. 나는 55년 11월18일 제산의 셋 방으로 들어갔다. 부모님들의 부담을 덜기 위해 간단히 출발했는데, 숟가락 2

개, 젓가락, 쌀 약간, 이불, 옷 등이 전부였다. 미군부대에 있을 당시로 되돌아간 형편이었다. 그릇은 셋방 주인집 할머니의 것을 빌려 썼다. 문제는 불을 피워야 했는데 땔감이 없어서 근처(수월)에 사는 매형이 땔나무를 한 짐 지고 와야 했다. 어쨌든 당시로서는 직장이 있다는 것이 매우 감사했다. 당시 형편에 돈을 벌 수 있는 직장이 있다는 것도 운이 좋았고, 특별히 영어선생은 더욱 귀한 일자리였다. 카추샤가 된 것도 감사할 일이었고, 거기서 영어 공부를 하게 된 것도 모두 감사할 일이었다.

학생들이 왔다. 약 20명의 처녀총각들이었다. 머리가 크니 알파벳을 쉽게 익혔다. 나는 그들에게 내가 배운 영어를 소개했다.

That is a cat.
쟛토 이즈 아 캿토.
(일본에서 유학한 선생님의 발음이다.)
이제 미군들의 영어를 소개했다.
댙 이즈어 캩
저것은 이다 고양이

수업이 끝나면 지게를 빌려지고 산에 올랐다. 땔나무를 해야 했다. 낯선 동리에서 선생이면서 땔나무를 하러 가는 것이 조금은 부끄러웠지만 살아가려면 할 수 없었다.

56년 1월 29일 첫 아기가 태어났다. 딸이었다. 장모님이 오셔서 아내와 아이를 위해 수발을 해주셨다. 문제는 아이를 업고, 안고, 2

시간 걸어서 한내교회로 가야했다. 그 당시에는 어린이가 입을 옷이 없었다. 모두 손수 만들어 입혔다. 푸대기가 작아 아이 발이 보였다. 들판으로 약30분, 산 두개를 넘어야 했다. 큰 산은 약350m 고지, 약50분, 작은 산은 약200m고지, 약30분, 아이를 안고 산을 넘으니 땀이 난다. 그러나 아이 발은 빨갛다.

겨울의 큰 산은 길 양쪽의 길이 얼어서 약3cm솟아 오른다. 터벅터벅 걸으면 신이 젖는다. 예수님, 군에서 훈련 받은 대로 계속 용감하게 하소서. 예배를 마치면 애를 안고 부모님께 가서 인사도 드리고 좀 쉬었다가 통영서 돌아오는 발동선(유일한 교통수단)을 타고 중통골(고현 근처)에서 하선(부두), 도보로 1.5km, 제산에 도착했다. 이 섬김을 약 4년 계속했다.

한내교회가 그렇게 교통이 불편해도 수요일 기도회까지 참석한 것은 하나님께서 주신 사명때문이었다. 내가 군에 입대하기 전에는 한내교회가 없었다. 제대하고 오니 이 교회가 서 있었다.

신영수님과 김집사 두 분이 자기 밭에 세우셨다. 이 두 분은 현재(2020년) 우리 고신 교단의 고려신학대학원 신원하원장의 조부모 되신다. 이 두 분이 여전도사 한 분을 모시고 있었다.

아래의 역사를 참고하라.

55. 4.17, 전도사께서 나를 주일학교 교사로 세움
55. 5. 01, 나에게 저녁예배 설교를 시키심
55. 6.16, 당회장 (장승포교회 담임) 서목사께서 신영수님의
　　　　　장례식을 거행하심

55. 6.16, 당회장께서 나를 집사로 세우심

55. 6.19, 나에게 설교시킴(여전히 충성하자, 빌1:20-30).

57. 8.24, 여전도사(이순엽) 사임.

57. 9. 04, 오용규 전도사 부임.

57.10.15, (음력) 김현중 (장승포교회 신임) 목사께서

김기수 집사의 회갑잔치 거행.

57.12.19, 김현중 당회장께서 나를 영수로 세우심.

(영수는 한국 초대교회에 장로대신 세운 직책).

1957.9.4, 나의 친구 오용규
전도사님 한내교회 부임.
위의 사진은 1996.11월 오
목사님 은퇴가 가까운 때
방문.
후에 대구달성교회 담임목
사님으로 부임했다.

한국 교회사에서 27세 영수는 없었다. 아무것도 모르는 청년을 영수로 세우심은 하나님의 선교에 대한 독촉이셨다. 그 당시에는 몰랐다. 내가 선교사로 대만으로 가서, 중국 대륙까지 얼마나 뛰었는지 우리 하나님 다 아신다. 2019년 연말까지 중국방문 120차, 제주도 4차 수련회까지 포함하면 124차가 된다. 하나님께서 27세 된 나를 제대한 그 해(1955년)에 영수까지 세우셨는데, 제산에서 한내까지 수요기도회까지 참석한 것은 하나님 주신 사명 아니면 참석하기 어려웠다. 그 사명으로 중국 선교까지 달리면서 중국에 중국개혁파 장로회(Reformed Presbyterian Church of China, R.P.C.C.) 총회(현재 8개 노회)를 세운 것은 오로지 성령님의 은혜였다. 사명과 억지는 명백히 다른 것이다.

사명	억지
성령으로(행13:4)	사람으로
예정으로(갈1:15)	교만으로
기쁨으로(마5:12)	두려움으로
생명으로(행20:24)	받음으로
영광으로(고전10:31)	칭찬으로

사명에 대하여는 뒤에 가서 좀더 자세히 기술할 것이다. 선교를 억지로 하는 것은 자기 손실이다. 선교하는 자가 영웅되기 원하는 야망이 있으면 많은 거짓말이 동원되고 많은 성도들을 속이는 것이 된다. 그 성도들이 속아서 억지로 훑어내는 수작에 말리게 되고,

결국 저는 거짓말쟁이라 평판받고 실패하는 선교사가 된다. 후원자들은 후원을 중단하게 되고, 그 피선교자들의 현지 교회는 제대로 된 교회가 될 수 없다. 성령께서 그 거짓들을 축복할 수 없기 때문이다. 십년, 이 십년, 역시 빈손이다. 그 빈손이 자기가 기만자임을 증명한다. 이것은 살아있는 선교사 자신과 피선교지 교회의 손실이다. 진정한 선교 영웅은 억지로 만들어지기 어렵다.

고현중학교에서 10킬로미터 떨어져 있는 작은 어린이 양떼들과 몇몇 모이는 충성된 성도들, 어린딸을 엎다가 안다가 녹초가 되는 시점에 교회에 도착하면 언니들이, 엄마들이 애를 빼앗아가고, 자기네들의 애보다 더 사랑해 주시니 형제가 거기 있고, 엄마가 거기 있고, 예수님은 이렇게 자기 교회를 세우셨다.

한내교회에서 일어난 주님의 종들:
(1) 신석률 영수 개척자(작고)
(2) 김기수 집사 개척자(작고) - 유환준의 믿음의 모친
(3) 신정준 집사 영수의 장남, 선장(작고)
(4) 신정인 집사 영수의 차남, 선장(작고)
(5) 신정학 장로 영수의 삼남, 부산 서장(작고)
(6) 신정봄 집사 영수의 사남, 차사업.
(7) 신원하 박사 고신정학 서장의 장남(현, 신대원장)
(8) 신우자 권사 고신정준의 장녀.
(9) 신원욱 목사 신정봄의 장남
(10) 옥치협 목사 은퇴
(11) 옥치묘 장로 은퇴

(12) 유환준 선교사 은퇴

(13) 유복부 목사 작가 은퇴

(14) 유신일 박사 유환준의 장자, 다니엘 신학원장

(15) 서영열 목사 교목(작고)

(16) 서일준 국회의원 고 서경완의 장자

(17) 박상도 목사

(18) 김정대 목사

(19) 김효경 장로 현임

(20) 홍수길 장로 현임

(21) 조영근 장로 현임

(22) 배남대 목사 현 한내 교회 교역자

내가 군에 입대할 때는 한내교회가 없었다. 제대하고 오니 한내 교회가 있었다. 하나님께서 한내에 교회를 주신 것은 한내 부락의 크신 복이다. 교회가 있으면 무슨 복이냐?

① 교회가 예수를 전한다
② 이 예수를 믿으면 천국 시민이 된다.

"심령이 가난한 자는 복이 있나니, 천국이 그들의 것임이요" (마태복음 5:3). "심령이 가난한 자"는 맘이 중생(重生)되어 새 사람이 된다. 이 새 사람에게 천국을 주신다. 이것이 큰 복이다. 천국은 하늘에 있다. 그러나 교회는 천국의 지국이다. 교회와 천국은 동일체이다. 이러한 복을 모르고 산다.

③ 사람이 예수를 믿으면 하나님께서 죄 없는 사람으로 인정해 주셔서 의로운 사람이 된다. 이것이 큰 복이다. 우리의 죄를 예수님이 다 처리해 주신다. 교회는 천국이요, 속죄사무소이다. 죄 있는 사람은 다 교회로 와서 예수님의 이름으로 사죄 받으라. 예수님은 이러한 복음을 말씀하셨다. "수고하고 무거운 짐 진 자들아 다 내 게로 오라. 내가 너희를 쉬게 하리라(마11:28)". 오직 예수님만 속죄권을 가지셨다. 공자도 석가도 그 누구도 속죄권이 없다. 마귀는 죄를 더하기만 하고 속죄권이 없다. 제사 지내봐야 죄만 더하고 속죄는 없다. 죄는 사람을 멸망시킨다. 무서워라 죄! 먹보다도 어두운 지옥, 유황불이 영원히 불붙는 지옥을 무서워하자. 예수님 만이 우리의 생명이다. 천국에서 만나자. 교회에서 만나자.

나는 "교회는 천국이다"란 책을 출판했다(2017. 5.31). 교회는 세상 사람들이 알고 있는 정도의 "미신"의 집단이 아니다. 내가 하나님께 특히 감사드림은 한내교회가 세계에 소문난 "개혁주의 교회(The Reformed Church) 이기 때문이다. 가령 한내교회가 이단의 교회였더라면 내가 이단자가 되었을 것이다. "이단"은 멸망하는(벧후2:1, 딛3:10 등) 단체다. 나는 군에서 예수님을 믿었다. 그때 나는 무엇이 정통인지, 무엇이 이단인지 잘 몰랐다. 이제 와서 개혁파 교회를 세우면서 성령님의 인도하심을 찬양한다. 한내교회야! 너는 개혁파 장로회 교회다. 현재 한국 교회가 많다. 그 중에 "고신

교단"은 제일 정통이다. 개혁파 신학이다. 우리를 "미신"으로 비평하면 당신은 "이단"이다. 그 이유는 당신 본인이 미신이기 때문이다. 내가 고신 교단이 제일 정통이라 말함은 그냥 추기는 말이 아니고 증거가 있다.

⑴ 일제가 한국 교회를 핍박할 때, 모두 항복하고 일왕을 숭배할 때, 예수 위해 체포되어 감옥에 가서 5년간 신앙을 지키며 순교를 각오한 12분이 출옥했다. 그 중 절반은 고신교단 어른들이었다.

⑵ 유럽의 한 분이 세계 장로교를 조사하고 92개 장로교를 발표했다. 그 책자에서 제 1호가 고신 교단이었다. 역시 일제 핍박을 이기고 출옥한 결실이다.

⑶ 근자에 한국장로교회 창설 100주년 기념 대회를 거행하면서 여러 교단, 여러 대형 교회가 많은데 왜 하필 고신교단의 대표 윤희구 목사를 대회장으로 모셨는가? 경남 창원 시골에서 목회하시던 분이지만, 친구, 동기생으로 얽혀 있는 인적 관계의 한국교회이지만, 진리, 규칙, 선교로서 주의 영광 찬양하던 고신교단의 목회자가 대회장이 되었다. 할렐루야!

그래서 고신교단이 한국교회의 제일 정통이라 말해도 과언은 아니다. 하나님께서 쓰시고, 역사가 증거한다. 한내교회는 작은 교회요, 시골에 있다. 그러나 개혁파 장로교회로 살아간다. 하나님께서 이런 교회로 나를 인도해 주셨다. 현재는 배남대 목사께서 담임하고 있다. 작은 교회 목회였지만 순전히 사명으로 일편단심 충성한다(계 2:10). 사명이 불타면 고개 두개, 고개 네 개, 단숨 단숨 넘어 다녔다.

예수님 예수님 나의 죄를 위하여 보배피를 흘리니 죄인 받으소서 (찬144장 후렴)

> "인자가 온 것은 섬김을 받으려 함이 아니라 도리어 섬기려 하고 자기 목숨을 많은 사람의 대속물로 주려 함이니라"(막 10:45).

나는 뒤늦게 대학에 진학했다.

1950년에 6.25전이 발발하여,
1955년에 3.22일에 제대귀가,
1955년에 10.17일에 고현중학교에서 교편,
1959년에 칼빈 대학에 입학하였다.

카추샤로 복무할 때는 전쟁통에 이미 고등학교는 포기했었다. 대학 문제는 제대이후 연결되었다. 순조롭게 제대하고 고현 중학교에서 약 4년을 준비해서 29세에 응시를 한 것이다. 수학은 제쳐놓고, 영어에 집중했다. 결국 합격해서 1962년에 졸업장을 받았다. 서른 전후에 나보다 많이 어린 동기들과 학교를 다녔으니 모두 노인 학생이라 놀렸다. 그래도 참았다.

칼빈(Calvin)대학교, 현 고신대학교 제5회 졸업여행
과 졸업식. 1962년도.

당시 학교 형편은:

교사: 부산 서부 감전동 미군 숙소

교장: 한명동 목사

교무: 배경업 장로

교수: 조용석 박사 외 약간 명

학생: 동기생(8회 졸업: 유환준, 박웅근, 김수자, 지영자).

　노인학생은 칼빈대학교 대문 근처의 셋방으로 들어갔다. 이 방
은 약 한 평 정도의 작은방으로 온돌이 안 돼서 냉방에서 아이 둘과
겨우 밥을 지어먹으며 지냈는데, 출석하던 한내교회에서 주일을
보내기 위해 토요일 갔다가 주일 오후 대학교로 돌아왔다. 하루는
발동선(연락선)을 타고 가던 중에 가덕도 앞 바다에서 발동선이 삼

각파도를 만났다. 진행 방향이 다른 물결이 삼(三)면에서 몰려와 겹쳐져 한 곳에 충돌하여 섰다가 물러가는 파도를 만난 것이다. 그 파도가 웅덩이를 만들었는데 그 깊이 너비가 발동선을 삼킬 만한 웅덩이였다. 그런데 배가 아름답게 웅덩이 옆으로 서 있었다.

배 안에 탄 선객들은 소리를 지르고 선실 안에서 서로 붙잡고 난리였다. 나는 선실 밖에서 둥실둥실 떨고 있는 일편 풀잎처럼 위험하게 몸을 지탱하며 예수님을 불렀다. 성난 파도속에서 예수의 제자들처럼 울지 않고 계속 예수님을 찬양했다.

"주의 콧김에 물이 쌓이되 파도가 언넉 같이 일어서고 큰 물이 바다 가운데 엉기니이다" (출15:8).

출애굽기의 이 본문의 "언덕 같이"의 원문은 케모네드(like wall)는 '물덩어리' 즉, '벽과 같다'란 뜻이다. 나는 그 주일 작은 발동선을 타고 태평양의 물덩어리, 물벽, 언덕을 만났으나 예수님께서 순조롭게 피함을 주시고, 평안히 가서 한내교회 주일을 지킬 수 있었다.

거친 파도 속에서도 예수님이 살리셨다. Amen!

chapter

17

—

가난에서 살리셨다

☆

칼빈대학을 다니면서 기억에 남는 일들이 몇 가지 더 있다. 학교 가까운 길가에 위치한 셋방에서 나와 아내는 주인과 의논해 셋방 집 입구에 작은 책상을 놓고 거기에 사탕 얼마, 과일 몇 개, 채소 얼마 등을 가져다 놓고 장사를 한 적이 있다. 손님이라고 해봐야 이웃들과 길가를 오가는 사람들이 전부였다. 그런데 그것도 장사라, 새벽에 자갈치 시장에 가서 팔 물건들을 사오곤 했다. 혹여 아는 사람만나면 면목 없어 숨어서 다녀야 했다. 주간에 내가 학교에서 수업하는 동안, 아내는 아이들을 돌 보면서 장사를 했다. 때로는 집주인 아줌마도 도와 주었지만, 문제는 이웃 사람들이 많지 않고 옆에 제법 넓은 시내가 있어서 대형 버스들이 넉넉히 통행할 수 있는 대로(송도에서 괴정으로의 국도)가 있었다. 다리 근처에는 파출소, 고아원 등이 위치해 있었다. 그 옆은 바다였다. 우리가 세 들어 살던 셋집 뒷편은 대학교의 교실이 있었다. 역시 장사가 될 만한 장소가 아니었다. 사다 놓은 것 대부분은 결국 우리(집 주인 등)가 먹어 치우는 일이 많았다. 결국 오래지 않아 우리는 장사를 접었다. 학교를 오가는 학생들이 지나가면서 사탕 등을 사기도 했지만, 실속 없는 장사였다. 그냥 공부만 열심히 하자 마음먹었다.

하나님의 은혜로 59년 연말, 한내교회에는 다른 전도사가 부임하게 되었고, 나는 칼빈교회(칼빈대학교 내의 한 독립동)를 맡게 되었다. 감천중앙교회의 전신이다. 칼빈교회가 얼마의 생활비를 부담하였지만 문제는 등록금이 없었다. 그 때 벌써 미국에 유학간 친구들이 나의 딱한 사정을 듣게 되었다. 그러고는 어려운 시절 한 평 방에서 두 아이들 데리고 공부하는 늙은 학생 앞으로 자기들의 생활비, 학비 등의 십일조를 모아서 송금해 주었다. 고신대 명예교수 황창기 박사, 박대근 교수 외 여러분이었다.

"나를 가난하게도 마옵시고, 부하게도 마옵시고, 오직 필요한 양식으로 나를 먹이소서"(잠30:8).

"오늘 우리에게 일용할 양식을 주옵시고"(마6:11).

Amen!

chapter
18

—

사라호 태풍에서 살리셨다

☆

사라호 태풍은 한국에서 역대 손에 꼽히는 재난이었다. 칼빈대학 제1학년 제2학기가 시작되었던 때였다. 1959년 9월11일, 사라호 폭풍이 부산항을 흔들었다. 나는 바다에서 컸다. 감천항은 태평양 파도의 직접적인 영향을 받는다. 선박들이 정신없이 충돌하고, 선주들이 선박을 어디 메어 둘 곳이 없었다. 파도를 구경하러 나갔다.

감천만에는 언덕이 있었다. 그리고 운동장이 넓었다. 언덕(6.7m) 높은 운동장을 거닐며, 나 혼자, 모두 문 닫고 꼼짝하지 않는데 무슨 보장도 없이 그 폭풍에 밀려 떠다니는 선박들을 보고 있었다. 그때의 풍속은 85m였다. 바람이 나를 갑자기 후려 때리는데 엉겁결에 겨우 엎드려 풀 한 폭을 잡았다. 그 풀은 뿌리가 깊은 잡초였다. 그 풀 외에는 전혀 의지할 것이 없었다. 풀을 잡고 잠깐 엎드렸다가 도망쳤다. 그 때 내가 폭풍에 말렸으면 정신을 잃었을 것이다. 두 서너 번 뒹굴고 나면 정신없는 사람이 되었을 것이며, 폭풍이 나를 어디까지 뒹굴러 다가 어디에다 처박아 놓고 도망하였을지 알 수 없었다. 사라호 태풍으로 인한 사망 및 실종자가 849명이었다. 한국에서 비교적 정확한 재해 기록이 이루어진 1900년도 이래 3번째로 많은 인명 피해가 났다고 기록하고 있다. 또 선박 피해만 해도 9,329척이었다고 하니, 당시 내가 까불다가 사라호에 말려갔으면 그 처참함이 어떠했을까? 생각만 해도 소름이 끼친다. 그일 이후로 나의 동리 사람들은 나를 행운아라고 했다.

수많은 고비를 만났지만 그 가운데서 나를 지켜 주신 성령님의 은혜는 찬송과 영광을 받으시기에 합당하시다. 나는 폭풍의 위험을 피하고 계속 공부하여(처음엔 같은 반에 몇 사람이 함께 공부했다) 무사히 졸업을 했다. 같은 해 함께 졸업한 동기는 박웅근, 김수자, 지영자였다. 우리 4명은 함께 졸업여행도 갔는데, 멀리 못 가고 경주 불국사로 갔다. 하필 불국사로 가게 된 건 순전히 여행 경비가 원인이었다. 8회 졸업생 네 명 중에 나 한 사람이 신학을 계속하고 목사가 되었다.

chapter

19

—

☆

위산과다증에서 살리셨다

언제부터 왜 그랬는지도 모르게 음식을 잘 먹지도 못하고, 먹으면 위산이 계속 나왔다. 밥 한 숟가락도 소화시키는 일이 힘이 들었다. 몸속에 들어가는 음식이 없으니 자연스레 살이 빠지고, 힘이 없어 숟가락 들기도 귀찮은 지경이 되었다. 치료할 돈도 없고, 시간도 없어 가스찬 속을 움켜쥐고 수업시간을 버텨야 할 정도였다. 나의 형편을 알게 된 학생 한 분이, 시골의 집에 갔다 오면서 벌꿀을 큰 소주병(1되)에 담아 가져왔다. 그 꿀이 위산과다에 좋은 지 안 좋은 지도 모르고, 다행히 먹을 수 있어 그냥 감사해서 먹었다. 새벽 기도회에 나가기 전 공복에 한 숟가락 마시고 나가서 기도회를 하고, 돌아와서 좀 쉬는 날들이 반복되었는데, 하루하루 위산이 적게 나오는 현실을 감지했다. 대학 4학년 때는 정상적인 음식을 섭취할 수 있게 되었다. 1960년 신학교(현 복음병원 위치)에 입학하고 3년간 수업할 때, 점심시간은 사람들과 함께 식사를 할 정도가 되었다.

"내 아들아 꿀을 먹으라. 이것이 좋으니라. 송이꿀을 먹으라 이것이 네 입에 다니라"(잠24:13).

세인은 "꿀도 약이라면 쓰다"는 말을 한다. 그래서인지 역시나 약으로 쓰였던 꿀은 너무 달았다. 약으로 쓸 때의 꿀은 진절머리가 나기도 하였다. 그러나 기억할 것은 성경대로 "꿀은 좋으니라" 인내가 필요하다. 끝을 봐야 한다. 그때 그 꿀이 아니었다면 아마 나는 위산과다로 죽을 뻔했을지도 모른다. 예수님께서 나의 친구(그분의 이름은 심도선 장로, 현재 부산에 사심)를 통하여 귀한 선물, 꿀을 주셨다. 꿀을 먹으니 효과가 있었다. 위산과다증에 오랫동안 시달렸기 때문에 대만 선교사로 가서 그 큰 바나나, 크기도 하고 맛있는 바나나, 지금까지 조심하고 유의한다.

위산과다증으로 위험 할 때에도 예수님이 살리셨다.

part 3
신학교부터
신학교 강사까지
(1963-1973)

chapter
20

—

감기에서 살라났다

☆

1962년 칼빈대학을 졸업하고, 사역지를 괴정제일교회로 옮겼다. 당시 괴정제일교회는 북한에서 피난 온 사람들이 모인 교회였다. 그 사람들은 1950년 연말에 내려 온 사람들이 힘을 모아 널 판쪽 간으로 세운 판자(나무 판자로 지은 건물) 교회였다. 내가 부임했을 때는 벌써 헐어서 교회당이 넘어지기 일보 직전이었다. 대지는 80평 정도로 예배당 뒷편에 하꼬방(마분지) 집 한 채(방 한간, 부엌)와 안에는 하꼬방 셋 채(나는 중간 집)가 있었다. 교인들은 약40명, 대부분이 하꼬방에 살았다.

교회당은 바람이 불면 흔들리는 괴정제일교회당. 지금은 큰 교회가 되었다.
전도사택(방2개, 중간이 부엌)

94 **예수께서 살리셨다**

1965.11.23.
김창현집사 결혼식

고려신학교 1965년 20
회 졸업식.
괴정제일교회 성도늘과
거제도 한내교회 개척
자 김기수 집사님,
믿음의 어머님(앞 줄 두
번째 흰 머플러 할머니).

나의 오른쪽 첫번은 한
상동 박사님, 두번째 오
병세 박사님, 좌편은 큰
형님. 뒷편은 신정학 서
장(김기수의 三남).

    송도 신학원까지는 약 50분 거리, 기숙사에 살지 않고, 매일 통
학을 했다. 교인들의 심방은 주로 오후 시간과 밤 시간에 이루어졌
다. 월, 토요일은 정상적인 심방이 이뤄졌다. 당시 사택에 책상이
없어 40~50분의 통학시간에 길에서 공부를 했는데, 필기 노트를
손에 들고 외우면서 걸었다. 그때도 역시 학비 때문에 걱정이 많았
을 때다. 좌우간 낙점은 안 하려고 노력했고, 신학교 3년 6학기를
길에서 끝냈다. 시험 칠 때는 길에서 공부하고, 어려운 문제는 길가

의 넓은 돌 위에 혹은 남의 벽 위에 기록하고, 시험 시 그 문제가 나오면 돌위에?, 벽위에? 어느 곳에 기록했는지를 기억하며 답을 작성했다. 하나님 은혜로 두 학기는 우등이라 장학금으로 면하고, 4학기의 학비는 전교에서 홍일점으로(고 김계초 누님) 동기생이 화란(Netherlands) 교회에서 받는 장학금에서 얼마, 그 외 김옥기(현 목사), 박종칠(현 목사 등), 괴정제일교회에서 일부 등등 도와 주셨다. 대학과 신학교, 여러 친구들이 합력하여 후원해 주셨다.

그러던 어느 날 몸에서 고열이 났다. 괴정제일교회에서 모두 걱정하면서 기도하였다. 공교롭게도 그 때가 고 오병세 은사님께서 자기 미국 유학 시 교수였던 해리스 교수님께 나와 또 한 분을 미국 유학 시키시려고 부탁해 두셨을 시기다. 해리스 교수께서 오셔서 인터뷰를 하는데 누가 말을 했는지, 내가 폐결핵인 것으로 와전이 되어 그 인터뷰에 한 분은 통과되고, 나는 통과를 하지 못했다. 그날 인터뷰에 통과된 분은 유학을 하고 돌아와 후에 고신대 총장을 지내셨다. 멀리 서울에서 병문안 온 사람도 있었고, 미국 선교사 우리 신학교 교수였던 하도래도 오셨다. 그 선교사는, "당신은 건강하시네요" 하고 갔다. 당시 폐결핵은 불치병이었다. 우선 좋은 약이 없었다. 나도 나의 병이 무슨 병인지 잘 몰랐다. 좌우간 한고비 넘겼다. 아이들이 넷이나 있고, 교우들도 약 60~80명, 내게서 전염병이 퍼진다면 하나님께 영광이 안된다. 예수님이 나를 살리셨다.

"내가 전염병으로 그들을 쳐서 멸하고(민14:12)".

전염병은 저주용이다. 예수님이 저주용으로 당신의 교회를 치시겠습니까? 폐결핵 환자가 기적 외 이삼 주간에 완쾌함을 얻을 수 있었겠는가?

내가 병후에 이런 일을 했다.

(1) 1966년 4월 15일에서 5월 6일까지 일본으로 졸업여행을 했다. 졸업 전에 15명이 신청했는데 결국 4명(유환준, 박종수, 하찬권, 남영희 선배)이 갔다 왔다. 왜 15명이 4명으로 줄었나? 당시에 오병세 교수님을 모시고 가려고 했으나 역시 못 가셨다. 그 이유는 송목사님께서 졸업 여행을 일본으로 가지 말라. 경비가 높다. 너무 호화스럽다. 1965년 총회시에 이 문제로 왈가왈부 한적이 있다. 그 회기시에 가라는 분 중에 변종수 장로님이 가장 강하게 주장했다. 그러나 못 간다 하시는 송목사님은 심지어 "만일 갔다 오면 그 사람들은 목사로 안수 못하게 하겠다." 송목사께서는 법에 대한 유일한 정치가였다. 그러한 문제로 앞으로 모두 목사 안수받아야 할 사람들 인지라 하나 둘 …다 떨어지고 고집 쎈 4명이 갔다. 특히 나는 장인이 일본 경도(京都)에 계셨고, 박종수는 자기 여동생이 동경(東京)에 있었다. 이러나 저러나 우리가 목사 안수를 받을 때 아무도 몰랐다, 그 이후 우리 신학교 학생들 중 동경으로 졸업 여행한 자는 없는 것 같다.

(2) 새교회당을 건축하다

1966.4.1, 새 교회당 대지측정

1966.4.7, 새 교회당 대지 정지 완료

1966.6.5, 새 교회당 입당식 거행

1966.6.25, 새 교회당 건축공사 완료

구 예배당 옆에 부산 농대가 위치하고 있었다. 그 총장은 비스듬한 예배당을 보면서 그 대지 약 80평 되는 땅을 농대에 넘겨주시기를 원했고, 그분은 그 대지 대가로 80,000원을 주겠다고 했다. 우리 교회도 새교회당을 지어야 했다. 결국 농대가 주는 80,000원만을 받고 새 부지를 찾아 하나님의 은혜로 건축을 마쳤다. 드디어 약 70명 되는 교우들이 불철주야 기도하여 약 200명이 예배할 수 있는 참한 교회당이 마련된 것이다.

내가 폐결핵 환자가 아님을 이런 건축으로 증명했다. 나를 환자로 소문낸 사람은 그 맘속에 질투나 교만 등이 작용했을 것으로 짐작했다.

괴정제일교회는 나의 후임으로 한병욱 목사가 담임했다. 그분은 대만에 와서 내가 개척해서 지도하고 있는 교회(남항교회)에서 기도회를 인도하기도 했다. 그가 설교 중에 이런 말을 했다. "나는 학자가 아니다. 나는 목회자이다". 현재 괴정제일교회는 큰 교회가 아니다. 나는 심방전문으로 목회한다. 지난 해에 나의 심방은 이렇게 했다. 우리 교회 성도들은 150명 정도, 가정마다 일 년 중 평균 15번씩을 심방 했고, 그 중 한 가정은 환자 한 분이 있는데 그 집은 25번을 심방 했다". 이 말을 듣고 정말 놀랐다. 결과적으로 산 언저리에 위치했던 괴정제일교회를 시가지 중앙으로 옮겨 짓고, 그때의 교세가 이미 중형교회로 부흥했다. 하나님의 아름다운 뜻으로 이렇게 완성하셨다.

나는 심방철학을 괴정제일교회에서 배웠다. 지금은 스마트폰부터 여러 방면의 수단이 많다. 그러나 역시 찾아가서 만나보고, 손삽고 기도해주고 오는 것보다 더 좋은 심방은 없다. 나의 후임으로 왔던 한병욱 목사는 좀 일찍 세상을 떠났다. 과로사였다. 괴정제일교회를 위하여 죽도록 충성(계2:10)한 분이었다. 교회를 위하여 과로하여 골병이 들어 남보다 일찍 별세한 분들이 많다. 반대로 교회를 호구지책으로 삼고 자기 욕심 채우는 데 급급한 사람도 많다. 이런 경우 목사가 교회를 골병 들게 한다. 우리 괴정제일교회는 이기고 이기는 교회였다.

나는 괴정제일교회 작은 새 교회당을 두고 울릉도에 있는 신흥교회로 이동했다. 여러 사람들이 가기로 대답하고, 교회에서 김치까지 준비해 놓고 기다리고 있었지만 번번히 담임자를 못 맞고 있다는 신흥교회 장로님의 하소연을 접했다. 당시에 울릉도에 고신교회가 三개였다. 울릉(도동항구)교회와 신흥교회(저동), 북쪽에 천부중앙교회 등이었다. 어느 날 울릉교회에서 시무하시던 김영준(김재준 목사의 형님)장로(작고)가 나를 찾아와 애원을 했다. 육지에는 목사가 남아 돌아가고, 도서 지방에는 갈 사람이 없는 것이다. 나는 아내와 의논도 안 하고 김영준 장로님에게 울릉도로 가겠다고 즉석에서 허락을 했다. 폐렴에서도 살리신 예수님을 믿고 가기로 한 것이다.

주 예수보다 다 귀한 것은 없네,
이 세상 부귀와 바꿀 수 없네,
영 죽을 내대신 돌아가신, 그 놀라운 사랑 잊지 못해,
세상 즐거움 다 버리고, 세상 자랑 다 버렸네,
주 예수 보다 더 귀한 것은 없네, 예수 밖에는 없네.

죽을 곳에 가는 것도 아닌데, 모두들 안 가는 것은 이상했다. 김치까지 준비해 놓고 기다리는 섬에 내가 가야겠다고 생각했다. 울릉도 신흥교회를 그렇게 해서 가게 되었다.

chapter

21

—

태평양에서 살리셨다

☆

1967.4.30, 괴정제일교회에서 제직회가 열렸고, 나는 울릉 신흥
교회로 가는 것으로 결정이 났다.

1967.5.16, 포항에서 울릉도로 가는 청룡호를 탔다. 저녁에 출
발하면 익일 아침에 도착하는 배편이었다. 부산에는 교역자들이
많으니 괴정제일교회는 새 목사가 와서 목회하도록 하고, 아무도
가기 원하지 않는 섬에 가기로 했다. 당시의 청룡호는 1966년부터
운영하는 연락선이었다. 역시 태평양을 쪼개면서 약 12시간쯤(풍
이 순할 때는 11시간) 가야 된다고 했다. 포항에서 217km 점에 떠
있다. 350톤 발동선이었다. 1시간에 약 18km를 달렸다. 울릉도에
가려면 배를 잘 타는 사람이라야 적당하다. 멀미하는 사람과 같이
타면 같이 함께 고생을 하게 된다. 우리 가족 여섯 명은 아무도 멀
미를 하지 않았다. 하나님께 감사했다.

1967.5.17, 아침 바위로 둘려 있는 섬, 푸르고 신선한 섬에 도착
했다. 5월 중순이었다. 마중 나온 성도들을 만났는데 반갑고 고마
웠다.

1967.5.16, 울릉도 신흥교회 부임. 왼쪽부터: 이집사,
서조사, 유목사, 유목사, 서장로, 노장로, 임춘래

성도들이 웃는다(형제자매, 한집).

울릉도가 웃는다(내가 너무 작다).

태평양도 웃었다(순풍으로).

영원토록 웃어라(변하지 말자).

　도동부두에 내려서도 산 고개를 넘어서 저동까지 약 40분의 시
간이 걸려 신흥교회에 도착했다. 예수님이 보내신 곳이니 성령님
의 도우심을 빌며 기도했다.

　첫 날부터 제직회를 했다. 그리고 심방부터 시작하기로 했다. 지난
밤은 태평양 한복판에서 발동선을 타고 바다 위에서 보내고, 교회에
인사도 하기 전에 심방하는 내가 너무 허덕이는 목회를 보여주었다.

　　예수께서 살리셨다

첫 제직회에 전한 말씀은, 민수기 본문 11:4~9였다.

제목:복음에 대한 감사
(1) 하나님이 주신 것(요6:32).
(2) 먹으면 안 죽는다(요6:33).
(3) 전도자 주신 것(때를 따라, 제때에 양식).

주기도 바쁘고, 받기도 바쁜 날들이었다. 첫날에는 왜 그렇게 허겁지겁 하는 모습을 보여주었는지 모르겠다. 이런 일련의 실수는 일종의 교민에서 옳어 나온 장난같다. 굵직굵직한 파도 속에 살면서 오징어 잡는 호주부터 온 식구들이 마도로스(matr-oos) 즉 수부(水夫)들과 같은 울릉도민들. 태평양의 파도가 굴러와서 병풍 된 절벽과 부딪힐 때 그 폭음은 울릉도를 흔들고, 그 박살 난 파도는 흰 장미화 같이 피어올랐다.

울릉도민들의 마음은 파도에 다져 억센 사람들로 단장되었다. 잔잔한 바다에서 하늘하늘한 파도속에서 살아온 우리들과 다르다. 환경이 그러하다보니 그들은 교만하지 않았다. 그런 모습을 보고 겸손히, 말씀으로 섬기자는 생각을 했다.

성경신학에 눈을 뜨면서 본문 설교로부터 시작했다. 내가 부임했을 당시 신흥교회 성도들 수는 약 60명이었는데 예수는 그리스도, 개혁주의 운동 등, 너무나 중요한 과제가 있었다. 당시에 신흥교회와 통합파 교회는 한 줄기 작은 시냇가로 서로 대치했다.

1968. 경주교회 유목사 부부(제
일 우편), 포항교회 임목사 부부
(유목사 오른편) 나를 심방 오심.
청룡호를 타고 12시간 정도 항해
해야 도착 한다.

예배가 시작되면

찬송 소리, 우리가 큰 소리, 그네들은 작은 소리,

설교 소리, 우리가 큰 소리, 그네들은 작은 소리,

기도 소리, 우리가 큰 소리, 그네들은 작은 소리,

얼마 지나서 통합파의 교회당은 우리에게 팔고, 인근 마을로 이
동해 가고, 우리가 큰 예배당을 점령했다. 개혁파가 이긴 것이다.
즐겁고 기뻐했다. 당시 일을 기념하기 위해 청년들을 동원하여 내

수전 산에 가서 동백꽃 나무 한 폭을 파와서 새 예배당 모퉁이 공지에 심었다. 말씀이 풍성하니 환경도 풍성해졌다.

울릉도 신흥교회가 또 남다른 것은, 내가 부산 거제교회로 이동 후 4년만에 대만으로 선교사로 가고, 거제교회는 김종한 목사(작고)께서 신학교를 가설하여 청년들이 모여들었는데. 그때도 울릉도 신흥교회 청년 두 명이 이 신학교에서 공부하고 목사가 되었다. 서만석 목사, 이근석 목사가 그들이다. 그들은 현재 부산에서 목회를 잘하고 있다. 신흥교회의 부흥의 결과이며 열매가 아닐 수 없다.

(1) 심방으로 섬기자

나는 어릴 때부터 산에 가면 산 사람, 바다에 가면 바다 사람이었다. 당시 성도들 중에는 높은 산 위에서 외롭게 사는 분도 있었다. 나는 얼마든지 다 감당할 수 있었다. 지금은 울릉도가 제법 도시화(都市化) 되었는지는 모르겠으나, 내가 목회할 당시는 다니던 심방은 필히 부부가 같이 해야 했다. 산 중에서 혼자의 심방은 이상한 소문의 원인이 되기가 싶다. 원래 도시에서도 마찬가지다. 그래서 결혼 안 한 강도사에게 안수를 못하게 했다. 더군다나 밤이면 단체로 심방 하는 것이 좋다.

(2) 좋은 말로 섬기자

울릉도의 인구는 거의 고정적이다. 그리고 대부분이 모두 인척 관계다. 그러니 잘못하여 오해라도 받는 날엔 봉변을 당할 수도 있다. 특히 외부에서 온 사람은 누가 누구의 인척인지 아닌지도 모르기 때문에 더 위험하여, 말을 조심해야 한다. 평소에 좋은 말 쓰기 하면 좋다. 그리고 울릉도의 말은 일반적으로 좋은 말, 부드러운 말이다. 방언도 있다.

(3) 목사로 섬기자

1967년 강도사가 되고, 1968년 경동노회에서 목사 안수(10월)를 받았다. 드디어 1969년 부산 거제교회 임시 당회장 김주오(부민교회 담임) 목사의 청원서를 받았다. 날짜는 2월 14일이었다.

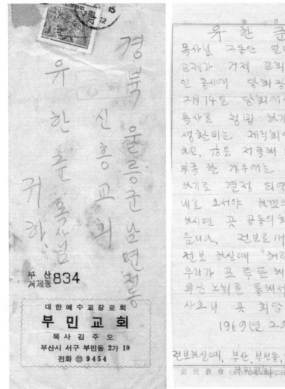

아무도 가지 않는다는 울릉도 사역지에서 사역 중에 갑자기 부산 거제교회에서 날아온 초청장

이 날부터 울릉도를 떠날 준비를 시작했다. 결국 목사 신분으로 신흥교회를 섬긴 것이 겨우 6개월이다. 정들자 떠나는 경우가 되고 말았지만, 후에야 하나님께서 나를 서둘게 만드시는 그 오묘하신 섭리를 찬양하였다.

그렇게 서둘러 살았어도 나는 43세 되어서야 대만으로 파송 받았다. 외형적으로 신흥교회로 부임한 것은 목사 안수를 받기 위한 것으로 오해될 수 있다. 하지만, 나는 거제 교회 사역을 꿈에도 계획하지 않았다. 코람데오, 하나님 앞에서 그 모든 일이 하나님의 선교계획이라 나는 믿는다.

약 2년간, 육지에서 울릉도까지 배를 타고 왔다 갔다하는 일은 쉬운 일이 아니있다.

나의 하나님이 지켜주셨다.
나의 예수님이 지켜주셨다.

"생물들의 혼과 인생들의 영이 다 그 여호와의 손에 있느니라"(욥12:10).

1969. 3. 23. 내가 이삿짐을 꾸리는데 성도들이 모두 찾아오셨다. 갑자기 왜 이렇게 떠나냐며 모두가 울었다. '주여! 이 일을 어떻게 하오리까?' 4년만에 대만으로 보내시는 그 뜻을 나도 몰랐고 아무도 몰랐다. 후에야 알게 된 것은, 하나님께서 이 죄인을 속히 부산으로 나와서 대만 가도록 준비하라는 뜻뿐이었다. 성도들에게 섭섭해도 하나님의 뜻에 순종해야 했다. 모든 것을 무릅쓰고, 1969. 3. 26, 정든 아름다운 울릉도를 출발했다.

위는 1969.3.27, 거제교회 위임식 기념 사진. 나의 뒤 좌편은 한상동 원장님,
한상동 오른편은 김주오 위원장, 김주오 목사님의 오른편은 오병세 은사님.

1969. 3. 27, 기다리는 거제교회에 도착했다. 큰 길에서 약 60m
골목에 주민들로 포위된 예배당(발전성이 보이지 않는), 대지는 약
100평 정도 되는 예배당 앞에 사택이 있었다. 유리문을 열면 예배
당 강단이 직통으로 보이는 예배당이었다. 당시의 교우들은 약140
명 정도였다. 그들을 예수님께서 이 죄인에게 맡겨 주셨다.

1969. 3. 30, 거제교회의 첫 주일예배를 하나님의 은혜로 시작했다.

"친애하는 성도 여러분, 그리스도 예수안에서 뜨겁게 환
영해 주셔서 감사합니다."
교회는 1970년, 1971년, 2년 사이 교회 성도수가 100명이 늘어

난 240명으로 부흥했다. 그즘에 부산 노회의 선교부장 한동석 목사(작고)가 나를 찾아왔다. 그는 내게 대만 선교사로 가자고 제안했다.

> "16년 전에 제 1호로 가신 분(김영진 선교사)이 암으로
> 수술하고, 새로 선교사를 보내서 선교를 계속하도록 해
> 야 합니다".

갑자기 선교사로 가라는 말을 듣고 한참을 고민했다. 전혀 생각을 안하고 있기도 했고, 당연히 준비가 되어 있지 못했다. 나는 다른 분을 찾으라고 했다. 그런데 그 선교부장은 돌아가서 약 2개월 후 다시 나를 찾아왔다. 아무리 생각해도 갈 사람이 없다고 했다.

> "목사님은 영어도 잘하고, 일어도 잘하고, 목회도 잘하
> 시니 목사님만한 분이 없습니다. 선교 갑시다."

chapter

22

—

시험에서 살리셨다

☆

울릉도도 아무도 안 가니 내가 갔다. 그렇게 아무도 안 가는 대만에도 내가 가게 되었다. 1972. 9. 21, 제22회 총회가 유환준 목사를 대만 선교사로 파견하기로 결정했다. 이것은 하나님의 오묘하신 경륜이었다. 그런데 여기부터 시험을 당했다.

그런데 1973. 4. 24, 거제교회 사면이 수리되고, 1973. 4. 30., 부산임시노회에서 그만 "대만 선교사 취소"가 되었다. 가족 중 아들이 12세 이상이면 병역을 마치고 나서야 외국으로 나갈 수 있다는 것을 그때서야 알았다. 두 아들이 출국을 못하게 된 상황에서 나는 한명동(총회선교부장)목사(작고)님께 "두 아들은 거제 교회 다니시다 서울로 이사가신 정겸효 장로님께 맡기고 가겠습니다"라고 했다. 그 때 정 장로님은 이미 네 명의 자녀가 있었고 나의 두 아들을 맡기면 여섯 명의 아이들을 돌보게 된다. 난감한 상황이었다.

1974. 1. 18, 큰 아들과 둘째 아들이 병역 미필로 같이 출국할 수 없는 상황에서 부득불 나는 두 애를 정겸효 장로님과 그 사모님 고윤숙자 집사님께 부탁했고, 정겸효 장로님과 석원태 목사님 두 분의

헤어졌던 가정,
다시모인 가정.

부득이 부모와 떨어져 있
을 수 밖에 없었던 자녀들
을 챙겨서 소풍을 함께 가
주셨던 정겸효 장로님과
석원태 목사님

수고로 아이들은 2년 동안 부모와 떨어져 안전히 지낼 수 있었다.

다행히 2년 후에 국가 정책이 개정되어 두 아들은 출국하여 대
만으로 오게 됐다. 윤숙자 집사님은 안타깝게도 일찍 작고하시고
정 장로님이 더 고생하셨다. 나는 지금도 예수님께 석원태 목사부
부외, 정겸효 장로부부를 위해 축복기도를 한다.

1973. 5. 1, 거제교회의 일부 성도님들이 '유 목사 유임시키자'
고 했다. 그러나 장로들은 반대했다. 유목사는 장로에 엄하다.

1973.5.23, 임시당회장 서경준 목사는 전격적으로 해임선언으로 유임은 절대로 안 된다는 뜻이다.

1973.5.27, 거제교회 마지막 주일 설교. 나는 선교사다. 아무도 안 간단다. 그러니 내가 가야 한다.

1973.9.15, 대만 가는 비자(Visa)신청, 이제 신청.

1973.9.16, 유중숙(막내딸)이 출생했다. 이 일도 시험이었다. 먼저 가신 김영진 목사는, 편지로 "조심을 안 하고 또 애를 낳아서 안고 온다"고 했다. 당시 내 나이가 42세였으니 이미 늙은 나이였다. 딸아이는 오빠와 열 살 차이 났다.

무슨 시험 닥쳐도 선교는 쉴 수 없다. 성경은

"사람이 감당할 시험 밖에는 너희가 당한 것이 없나니……
피할 길을 내사 너희로 능히 감당하게 하시느니라"
(고전10:13)고 말하고 있다.

선교에는 시험이 특히 많다. 이 말씀은 결국 예수님을 대적하는 마귀가 많다는 뜻이다. 마귀는 특히 선교를 대적한다. 저들의 수는 군대와 같다(막5:9).

1969. 3. 27, 거제교회에 도착해 1969. 4. 3, 오병세 박사님께

서 자신이 강의해 오셨던 헬라어 강의를 내게 부탁하신 일이 있는데, 1969. 4. 8, 신학교에서 헬라어 강의를 시작했다. 1973. 9. 5. 학기까지 5년간(69-73)의 강의였다. 오병세 박사님은 나의 헬라어 교수이기도 하셨다. 그러나 위대하신 교수님이 헬라어 알파벳부터 강의하신다면 사실 시간 낭비가 된다. 오 박사님을 통해 나와 같은 죄인을 훈련시키는 시간을 주신 것이다. 나는 순종했다.

오박사님을 통해 배웠던 헬라어 강의를 내가 하게 되었는데, 그때 헬라어 강의를 하면서 받은 훈련은 선교지에서 큰 도움이 되었다. 나는 오 교수님의 배려와 사랑도 물론이지만, 특별히 내가 강의를 하며 학생들로부터 받은 사랑도 평생 잊지 못한다. 지금도 박용주 원로목사님은 나를 만날 때마다 '헬라어 교수님'이라고 하신다. 전 신대원 원장 이승미 박사님께서는 나를 은사라 하시면서 부산까지 오셔서 대접을 하시기도 했다. 감당 못할 사랑을 받은 셈이다.

다시 시험 당한 고초를 기억해 본다. 1973. 12. 30, 부산노회가 범천교회에서 송별회를 해 주셨고 1974. 1. 15, 경기노회가 삼오정에서 송별회를 해 주셨다. 송별회를 마치고 목사들이 둘러앉아 얘기를 나눌 시간이 됐다. 그때 한 분이 내게 물었다.

"선교사님, 가서 선교를 어떻게 하시겠습니까?"
나는 "대만 선교를 교가(다리)로 중국까지 선교 하려고
합니다"라고 대답했다.

그때, 함께 있던 서울중앙교회 방해주 장로님께서 "그것은 망상입니다"라고 해서 순간 대접은 받았고, 무슨 말로 대꾸할까, 갈등이 일었지만 잘 참아냈다. 여기에서 방해주 장로의 성함을 거론한 것은 그 분을 부끄럽게 하려고 한 것은 아니고, 다만 그 분의 말 "망상이다"를 되새기면서 나는 당시 중국선교를 계획했다는 것을 말하기 위함이다.

1990년 총회 선교부장 이금조 목사를 초청하여 홍콩에서 VISA를 받아 하문(下門)을 거쳐 북경, 장충, 길림 등지의 교회를 방문하고 백두산까지 둘러 본 역사(歷史)를 이루었다. 2018년 5월에 중국국영 방송에서 이렇게 방송했다. "현재 중국에는 다섯 가지 이단이 있는데, 그 중에 첫째가 개혁파이다". 이것은 핍박하라는 공식적인 명령이다. 나는 중국에서 숨어서 선교했는데, 그들이 어디서 듣고 알았다. 우리는 방송을 못 하는데 자기들이 우리를 대신해 온 국민들에게 개혁파를 방송했다. 중국선교가 여기까지 이르렀다. 당시 들었던 "망상이다"란 말은 그 이후 나를 계속 재촉했다.

1974. 1. 17에 닥친 시험은 이러했다. 오후2시경 출발하는 항공기, 많은 전송객이 모였다. 그러나 어린애의 VISA가 아직 안 되었다고 해서 사무를 보던 분이 허둥지둥 대만 대사관에 12:01에 도착했는데 직원이 "오후에 오시오"라며 나가버렸다.

우리는 1분이 늦어 꼼짝 없이 하루를 기다려야 했다. 오후에 어린애 VISA를 받기는 했는데, 비행기는 이미 떠난 후였다. 그 많은 전송객들이 내일 다시 와야 했고, 또 공항에서 준비한 돈은 공항에

1990.8.13., 나는 고신 총회 선교부 부장 이금조 목사님과 현행으로 선교부 본부장을 모시고 홍콩에서 비자를 받고 중국 샤먼(하문)의 삼자교회와 가정교회를 방문 후 북경, 연길, 장춘, 길림, 백두산까지 둘러보고 왔다.

고신 총회가 유환준 선교사를 통하여 대만과 중국을 겸해서 선교하도록 맡겨 주신 것이다.

서 환전이 안 된다고(돈 금액이 너무 많아) 해서 시내로 나가 은행에 가서 환전해야 했다. 나는 택시 두 대를 불렀다. 그런데 앞에 탄 택시에 아내와 몇이 탔는데, 뒤에 가방 실은 것을 모르고 떠났다.

내가 탄 택시는 아무리 빨리 가도 그 택시를 따라잡지 못했다. 아내는 가방을 내리지 않고 목적지에 내렸고 택시는 이미 떠난 후에 내가 탄 택시가 도착해 발만 동동 구르고 있는데, 마침 동생이 "내가 그 택시 넘버(서울1아7801)를 기록했어요"라고 하는 게 아닌가. 그 가방에는 대만에 가져갈 김 목사의 생활비 $3,000달러가 들어있었다. 우리는 번호를 경찰에 보여주고 주소를 알아냈다. 나와 아내, 동생이 경찰과 같이 그 집을 찾아갔다. 밤12:10였다. 그 택시를 만났다. 기사가 가방을 벌써 집에 가져다 놓았다고 했다.

경찰과 같이 그 집에 가서 가방을 열어보니, 벌써 옷들을 들어낸 후였다. 동생에게 돈은 은숙(큰딸)의 오버코트의 호주머니에 넣었으니 손을 넣어보고 돈이 있거든 다른 것은 들치지 말라고 했다. 다행히 동생이 손을 넣어보니 돈이 있었다. 주여!

가방을 찾아 숙소(석원태목사댁)에 돌아오니 석 목사 부부가 어린애가 낯을 가리면서 많이 울었다고 했다. 석목사는 "얘는 모개다(밉다는 뜻)". 두 분이 애를 업다가 안다가 춤을 췄단다. 그때가 밤 2시였다. 지독한 시험이었다. 하나님은 선교지를 사랑하신다.

> "네 하나님 여호와께서 돌보아 주시는 땅이라. 연초부터 연말까지 네 하나님 여호와의 눈이 항상 그 위에 있느니라"
> (신11:12)

2018년 5월에 중국 국영 방송에서 이렇게 방송했다.

"현재 중국에는 다섯 가지 이단이 있는데, 그 중에 첫째가 개혁파이다". 이것은 핍박하라는 공식적인 명령이다.

나는 중국에서 숨어서 선교했는데, 그들이 어디서 듣고 알았다. 우리는 방송을 못 하는데 자기들이 우리를 떠신해 온 국민들에게 개혁파를 방송했다.

중국선교가 여기까지 이르렀다. 당시 들었던 "망상이다"란 말은 그 이후 나를 계속 재촉했다.

part 4

대만을 주셨다
(1974∼2001)

(1955-1962)

Chapter 23   마귀에서 살리셨다
Chapter 24   사단에서 살리셨다

chapter

23

—

마귀에서 살리셨다

☆

1974년 1월 18일은 선교지 대만에 도착하는 날이었다. 오후 2시 10분 KE503편으로 출발했다.

나는 "맡겨 주신 선교 생명 다해 충성하여, 우리 하나님께 영광 돌리고, 여러분들의 사랑에 보답하겠습니다."고 다짐했다.

윤숙자 자매여 두 아들을 맡아주소.
넉달된 막내딸 포대기에 숨겨안고,
선교사 부르며 따라가는 늙은어미.

항공기는 일본을 경유하여 오후 5시 55분에 대만 타이페이에 도착했다. 어제부터 기다리시던 김영진 선교사와 사모님이 맞아 주셨다. 큰절을 드리고 인사를 드렸다. 어제도 나오셨다가 헛걸음하시고, 다시 오셔서 기다리신 것이다. 피곤해 보였다. 또한 내가 늦은 나이에(43세) 젖먹이를 안고 나타난 모양이 못마땅하지 않으셨나 싶다.

자가용 차로 같이 타고 약 1시간 30분, 신죽(新竹)시 목사님 댁에 도착했다.

　목사님 사택
　대지 : 약 200평(장방형)
　건물 : 세멘집, 약 40평 단층, 삼각 지붕
　정원 : 약 15m 높은 야자수가 몇거루
　시가 : 약 2억원(한화), 은퇴 시 기준

목사님 댁에서 5사람이 삼일(금, 토, 주일)간 폐를 입히고, 1월 21일, 월요일 타이페이(台北)로 올라가서 셋집에 가보았다.

　台北市 松山區 虎林街 171 巷 22号 2F
　대북시 송산구 호림가 171 항 22호 2F
　약 27평

1월 24일부터 나의 대만선교가 시작됐다. 여기서부터 27년간 다섯 번 주소를 바꾸었다.

대만은 어떤 곳인가?

A. 미려도(美麗島)

미려도는 포르투갈(Portugal) 사람들이 대만을 포모사(FORMOSA)라 부르는 이름에서 유래된 '아름답다'는 뜻이다. 자연도 아름다우나 광물로 유명한 곳이다. 일본인들은 다카라시마(宝島, 보물섬)라 했다. 일본인들은 대만을 50년 점령하고, 아리산의 원시림(여섯 사람이 손을 펴야 안을 수 있는 큰 나무들)을 탐하여 가의시에서 17km의 철도를 가설하고 그 원시림을 다 본국으로 운반한 역사가 있다.

지금은 그 원시림의 싹이 다시 나서 거목으로 서 있다. 그 산정에 서 있던 신목(神木)은 4,000년 고목인데 벼락에 넘어져서 누워 있다. 그 나무는 여섯 사람이 팔을 펴야 겨우 안을 수 있다.

B. 빠이 빠이가 심하다.

"빠이 빠이"는 배배(拜拜)의 중국어음으로 우상을 섬긴다는 뜻이다. 집집마다 거실 객실 벽에 신단(과일과 작은 등으로)을 차려놓고, 아침에 일어나서 향(국수처럼 생겼는데 불을 붙이면 향이 타면서 향기가 집안에 이웃집까지 냄새가 퍼진다)을 세까치 정도를 한 묶음으로 잡아서 함께 태운다. 태우면서 기복을 하고, 절을 여러 번 한다. 주로 마조(馬祖, 약 1,000년 역사를 가진 여귀)와 천공(天公, 자기가 존경하는 높은 사람), 토지공(土地公) 등 우상을 섬긴다. 대만에선 석가모니의 서열은 아홉 번쯤 되는 데 반해 "예수"는 서열에 아예 들지 못한다. 그들은 "우리는 우리들이 섬기는 신이 있는데, 양귀(洋鬼, 미국인)가 전하는 예수는 필요 없다. 우리는 빠이빠이해서 모두 홧자이(發財, 발재) 했으니 예수는 필요 없다."고 말한다.

현재 아세아인 중에서 제일 "예수" 안 믿는 민족이 대만 사람들이다. 그들이 향을 피우는 습관은 일종의 기복신앙의 행위다. 정식으로 제사를 지낼 때는 필히 돼지 대가리를 온통(목을 짜른 것) 통째로 준비하고, 그 외 과일, 음식 등을 준비해서 푸짐하게 파티를 한다. 폭죽을 터트리고 돈(가짜돈)을 태워준다. 최근에는 이런 번거로운 제사가 짐이 되어 "예수"를 믿는 사람들이 많아지고 있다. 문제는 훌륭한 목사가 일어나야 한다(마 7:15-23).

C. 공자(孔子, Confucius)를 숭배한다.

크리스마스(Christmas)때가 되면 대만의 교회는 "썽딴콰이러, 성탄쾌락"(聖誕快樂)이라며 인사한다. 교회당 강단 뒤에는 이 사자 성구로 크게 장식한다. 그러나 불신자들과 특히 대만의 국회의원들은 성탄절(聖誕節)이라 하지 말라고 권한다. 그 이유는 "예수"는 "성"(聖)자를 사용할 자격이 없다는 것이다. "聖"자는 공자나 노자, 맹자 같은 분에게 써야 된다며 성탄절을 예탄절이라고 해야 한다고 한다. 그렇다면, 공자의 탄생일도 공탄절이라 부르는 것이 어떠한가! 참고로, 공탄절의 중국 발음인 콩딴지에의 꽁딴 발음은 공룡알이라는 콩딴과 같은 발음이 된다.

대만은 여기 저기서 공자를 기념하는 비석을 볼 수 있다. 그 비석에는 "지성"(至聖, 지극히 거룩한)이라 새겨져 있다. 그러나 공자는 그렇게 거룩하지 못하다. 성경말씀대로 그 분도 일개 죄인이다.

젊은이들은 "공자도 밤이면 그렇다, 똑 같다" 라고 한다. 모택동 시절에는 피콩(批孔, 비공), 즉 공자 비판을 했다. 공산주의자에게 비판받은 이유는 공산을 하려면 봉건주의적, 계급의식의 유교 도복은 벗고, 망치와 낫을 들고 노동하는 프롤레타리아트의 노동자 사회를 추구해야 했기 때문이다. 모택동 눈에는 공자당은 먹을 것을 제공하지 못하는, 생산적 가치가 없는 가치관이었기 때문이다. 이제 '피콩'은 없지만, 대만만이라도 예수를 믿어야 한다.

"성경이 모든 것을 죄 아래에 가두었으니"(갈 3:22).

(1) 교회운동

① 남항교회
1974년 1월 18일, 대만에 부임하고
1975년 6월 22일, 남항교회를 개척했다.

1975.6.22,
남항교회 첫 개척(2,3층).

노란차:
포드 1600CC,
전국 여전도회 총회 제공.

1987.4.17~19, 미국 정통회 선교사 스미스 목사 부흥회

〈교회 간판〉

改革宗
개혁종

基督教
기독교

長老會
장로회

南港敎會
남항교회

내가 대만에 갔을 당시 대만에서 기독교 교세는 대만장로교가 제일 큰 교회(약 1,100개)였다. 그 외 작은 교단이 몇 개 있었다. 우리 교단은 한 노회(약 15개 교회)가 있었다. 남항교회에서는 내가 직접 설교를 했다. 한 장로(자칭장로)가 일어를 제법 잘하면서 같이 하겠다 하고, 자기 집을 제공했다. 그래서 간판을 그분의 베란다에 부쳤다. 사람들이 20명 모이니 장소가 좁아서 다른 곳으로 이동했다.

그곳에 전도사 한 분이 있었는데 대만의 원주민(태국민 비슷함)이었다. 나를 따르면서 자주 집에 와서 식사도 하고 친히게 지냈다. 교인이 약 30명 모이자, 이 전도사가 독립하겠다고 했다. 교인들은 다 자신의 말을 듣는다면서 날 더러 손을 떼어 달라 했다. 어이가 없었다. 이미 헌금도 많이 투자된 상황이었다. 혹독한 시험이었다.

본국에는 교회를 개척했다고 자랑도 했고 보고도 했다. 그의 도발에 나는 "내 뒤에는 나를 위해 십만 명이 기도하고 있다" 고 말했다. 그러다가 기어이 사고가 터졌다. 그 전도사의 아내는 대만인이었다. 이 여자는 자기 남편(전도사)이 다른 여자와 교제를 하고 있다는 것을 알게 되었다.

어느 날 밤 전도사가 우리 집에 간다면서 오토바이를 타고 나갔는데 그 아내가 눈치 채고 택시로 그 남편을 뒤쫓았다. 전도사가 어느 지점에 가더니 여자 하나를 뒤에 태웠다. 그 여자는 남자를 꽉 안고 출발했다. 뒤쫓아가며 그 모습을 목격한 전도사 아내는 택시로 계속 따라가다가 그 전도사의 오토바이 앞을 가로질러 막았다.

그 충격에 뒤에 앉은 여자가 땅에 넘어졌다. 이 전도사는 오토바이에서 내려 자기 아내를 발로 차는 등 폭력을 가했고, 그녀는 '사람살려'라며 고함을 질렀다. 이 전도사는 엉겁결에 자기 처를 근처 병원에 입원시켰고 그 다음날 전도사의 장모가 나를 찾아왔다. 그리고는 "이 놈의 이런 짓(여자질)이 오늘이 처음 아니오. 이전에도 여러 번 있었소!"라며 폭로를 했다. 교회에서는 회의를 열고 나에게 이 전도사를 추방시켜야 한다고 목소리를 냈다.

주일이 왔다. 전도사는 안 왔고 교회에서는 전도사 추방을 의결했다. 전도사의 아내는 "목사님, 두 달만 기다려 주세요. 두 아이 학기를 마치고 이사하겠습니다."라고 말했다. 나는 기다리겠다고 답했다. 두 달 후 그들 가족은 교회를 떠났고, 나는 다시 선교를 시작했다. 10만 명의 후원기도가 이긴 것이다. 내가 전담 목회를 하고 교인 수 50명이 되는 시점에서 우리는 새로운 전도사를 청빙했다.

예수님이 마귀로부터 나를 살리셨다.

"금식하며 기도하고, 두 사람에게 안수하여 보내니라"
(행 13:3).

"우리에게 구름 같이 둘러싼 허다한 증인들이 있으니 당한 경주를 하며" (히 12:1).

이 교회는 규모는 작으나 여러 면으로 선교에 유익했다.

    1) 규모 : 약 40평, 빌라 2층(예배소), 3층(사택).

    2) 재단 : 재단법인.

    3) 교통 : 고속도로는 약 400m, 지하철은 약 200m 이내 거리.

    4) 목사 : 여러 교역자가 지나가고, 지금은 나의 외손자(서부
    산 노회 안수, 고신대 M.Div, 졸업)가 목회를 하고 있다.

    5) 언어 : 맨다린(북경 중국어, 대만과 중국이 공통으로 사용
    하는 표준어)

    대만 온지 약 한달 반이 지나고, 첫 중국어 설교를 했다. 내가 1974년 1월 18일에 도착하고, 2월 21일에 충효교회(김 목사님 지도하시던)에서 한 중국어 설교였다. 이 교회의 전도사도 역시 대만의 원주민이었는데, 그가 일어를 좀 하기 때문에 김 목사님이 나를 임시 당회장으로 세워 주셨다. 이 임 전도사는 임시 당회장의 역할을 잘 모르는 것 같았지만 내가 당회장이니 설교권이 내게 있어서였다(한국식이다). 이에 임 전도사는, "미국선교사는 2~3년 중국어 배워도 강단에 올라가지 못하는데 당신(나에게)은 지난 달 오셨는데 이 달에 설교할 수 있습니까?"라고 반문했다.

    그의 불안에도 불구하고 내가 이렇게 서두른 것은, 이미 한국에서 중국어 발음 기호를 다 외웠기 때문이다. 그리고 나는 한국의 해병대 수영법을 표방했다. 우리 아이들 교육도 해병대식으로 학습, 훈련시켰다. 해병대 수영법은 수영 못하는 군인을 군함에 싣고 깊은 바다에 나가서 그냥 바다에 던져 넣어버린다. 죽든지 살든지

네가 해보라는 식이다. 나는 할 수 있다고 자신감 있게 대답했다.

하루는 초등학교 4학년 아이가 학교에 갔다가 그냥 돌아온 일이 있었다. 왜 돌아왔냐고 물으니, 아이가 "학교에 아무도 없어요"라고 해서 학교로 전화를 해보니, 그 날은 학교에 안 가는 날이었는데 아이가 못 알아들으니 그냥 갔다 온 것이었다. 소통이 안 되어 벌어진 일은 나도 비슷했다. 명함을 만들기 위해 명함 샘플을 보이면서 주문하러 들어간 집에서 "이대로 해주세요."라고 요청하자 주인이 "몇 자요?"라고 물었다. 나는 "이렇게 하면 돼요."라고 반복해 요청했고 주인은 "몇 자요?"를 반복해 물어왔다. 결국 30cm 자를 가지고 와서 "몇 자요?"라고 되묻자 그에게서 안 된다는 말이 돌아왔다. 나중에 알고 보니, 그 집은 간판 만드는 집이었다.

각설하고, 그 첫 주일날 나가서 서툰 중국어로 설교를 하고 내려온 날, 전도사는 "기적이다!"라며 놀라워 했다. 나는 그날 이후 집에서는 발음이 달린 성경 네 권을 사서 온 가족이 같이 성경 공부를 하고, 나 자신은 졸리면 양파를 까먹으면서 더 열심히 공부했다. 두 아이가 "아버지 성경 공부하면 성적표가 나옵니까?"라고 물었다. 나는 그때 먹은 양파 때문에 젊은 시절의 그 위산과다 증상이 재발해서, 덕분에 지금도 그 맛있는 바나나를 먹지 못한다.

1976년때의 일이다. 전도사가 이중 생활비(다른 선교부의 돈도 받고 있었는데 당시 이런 사람들이 많았다)를 받고 있음을 알았다. 이 사실을 김 목사님께 보고하고, 거짓말한 것을 지적하여 한 달 설교를 중지시켰다. 그러자 어느 날 교인들을 부엌에 모아 놓고, 외국인들의 지배를 받을 수 없다며, 모인 교인들과 교회를 떠나기로 결의를 했던 것 같다.

② 충효교회

1976년 2월 11일,

　전도사가 나도 모르게 교인들을 데리고 의자, 풍금, 기타 기물을 가지고 이사를 갔는데 이 사실을 나는 사흘이나 모르고 있었다. 나와 잘 지내는 자매가 이 사실을 알려주어 내가 뛰어가 보니, 벌써 이사를 마치고 약간의 짐만 남아 있었다. 어디로 갔냐고 묻자 전도사는 모른다고 했다. 마귀다. 이미 배신했다. 주여! 이것이 마귀들입니다. 마귀가 두 번째 달려듭니다. 한 청년(주동자 되는)이 왔다.

　나 : 어디로 이사를 갔나?
　청년 : 난 모릅니다. 난 선교사님이 시킨 일로 알았습니다.
　나 : 전도사는 거짓말을 했다.
　청년 : 그럼 찾아 가서 데리고 오겠습니다. 나는 그 집
　　　　집세까지 낸다고 했습니다.
　　　　가서 데리고 오겠습니다.
　나 : 가서 의자도 가지고 오라.
　청년 : 의자는 몇 개만 주겠다고 하며,
　　　　사람들은 안 온다고 합니다.

1976년 2월 15일,
주일이 왔다. 예배당에는 역시 두 사람 뿐이었다.
나는 "주님, 새로 시작하겠습니다. 힘 주소서."라고 기도했다.

"내 영혼을 옥에서 이끌어 내사 주의 이름을 감사하게 하소서"(시 142:7)

충효교회는 그날 이후 새롭게 출발했다.

1976.2.15,
충효교회
새로 시작

은행 대출 다 마친 후 헌당 예배.

좌측에서 두 번째: 대신동교회 최일영 목사.

좌측에서 세 번째: 남교회 한명동 목사(선교부장).

좌측에서 네 번째: 대만신죽 김영진 선교사.

〈교회 간판〉

```
                      改革宗
                      개혁종

    基督教                        忠孝敎會
    기독교                        충효교회
                      長老會
                      장로회
```

기독교 개혁종 장로회 충효교회

12층 건물, 새로 세운 간판(처음으로 세운 것)

12층 교회당은 슬라브 지붕에 컨테이너를 들여 놓고, 주일어린 이의 교실로 쓰려 했으나 결국 세우지 못했다. 이웃들이 반대했다.

이 교회의 규모는 작으나 중요한 교회다.

  1) 규모 : 약 35평 아파트 12층.
  2) 재단 : 재단법인이 되었음.
  3) 교통 : 고속도로는 약 4km, 지하철은 약 70m 거리.
  4) 목사 : 루터파 목사로 (타이쭝에 있는 아주 대학교 교수 겸 목회자), 지금은 목회를 하지 않고,교수만 하고 있다.
  5) 언어 : 만다린어, 중국어(보통화).

대만에 9 부족의 주요 민족들이 각기 자기 언어를 사용하고 있는데, 복건성 출신 사람들은 민난어, 그 외 객가어, 북경어(만다린어) 등이 있다. 현재 중국과 대만에서 교육을 받은 사람들은 북경어를 공통적으로 사용하고 있다.

이 충효교회의 건물은 하나님의 은혜로 마련한 것이다. 전체 교인이 25명인데 은행 대출이 180만원(TWD)이었다. 내가 선교사이니 사례금을 받지 않았고, 교회의 주요 헌금은 은행 대출 갚는 일에 주로 투입되었다. 한편으로 힘들고, 한편으로 재미도 있었다. 대만의 수도 타이페이에서 집을 한 채 산다는 건 참 힘든 일이었다. 하지만 열심히 그 대출을 다 갚아 나갔다. 몇 년 있다가 이지홍 목사 부부가 부임하여 같은 아파트의 1층을 사기 위하여 큰 수고를 하셨다. 지금은 1층에서 예배하고, 12층은 식당과 침실로 사용한다. 여기서 교회에 대하여 간단히 말하고 싶다.

1) 교회는 예수님의 나라다(마 16:18).

그 이유는 교회를 그의 피로 사셨고,(행 20:28, 계 5:9).
그가 왕이시기 때문이다:

"어린 양은 만주의 주시오 만왕의 왕"(계 17:4).
"다리에 이름을 쓴 것이 있으니 만왕의 왕이요 만주의 주"(계 19:16).

"만왕의 왕이요 만주의 주."

萬王之王 萬主之主

KING OF KINGS, AND LORD OF LORDS.

그리스도의 국(國) 즉 그리스도의 영광이 비치는 천국이다(요 17:22). 작든지 크든지 교회는 그리스도의 천국이다. 목사들이, 장로들이, 사람들이 교회를 이용하지 말라. 천국의 왕은 "만왕의 왕이요 만주의 주"이시다. 만왕의 왕이 주인이신 교회를 이용하겠다? "만왕의 왕"께서 나에게, 너에게 이용되겠는가? 교회를 위하여 나를 죽여야 할 것이다.(계2:10).

2) 교회는 하나님의 나라다(요3:3, 5, 7).

"거듭나지"(요3:3)와 "나지"(요3:5)는 중생(重生, Regeneration)에 대한 말씀이다. "하나님의 나라"(Kingdom of God)는 교회를 말한다. 사람이 하나님의 중생을 받으면 교회의 구성원이 된다. "중생"은 기독교의 전용어로서 세상 사람들은 이해할 수 없는 말이다.

이 중생은 성령님이 완성하신다. 하나님의 죄인 구원에 대한 유일한 방법이다. 이 중생을 받아야 인간은 구원을 받는다. 이 중생을 받으면 하나님의 영광을 받았다는 뜻이다.(요 17:22) 그리고 이 영광을 받은(조명 받은)자는 천국 백성이 된다(계1:6, 5:10). 이 두 곳의 본문은 "나라"이다. 이 "나라"의 원문은 바실레이아(Basileia) 즉,

왕(K.J.V), 국민 천국(마4:23, 13, 19, 38, 24:14) 등이다. 특히 이 네 곳에서 천(天)자 없고 바실레이아만 있어도 천국으로 번역했다.

나는 이 교회론에 근거하여 '교회는 하나님의 천국'이라고 해석한다.

천국이어야 할 이 지상 교회가 때때로 목사, 장로, 사람들의 죄로 인하여 완전한 천국이 되지 못한다. 예수님 다시 오시고, 완전한 교회, 완전한 천국의 임재 그날까지 매일의 삶속에서 회개하며, 예수님을 더욱 닮아가며, 지상교회이지만 그나마의 천국의 기쁨을 누려야 할 것이다. 교인들이 이 지상교회에서 천국의 기쁨을 맛 보도록 목회자는, 선교사는 매일의 삶을 하나님 앞에서 살아내야 할 것이다.

그럼에도 불구하고, 교회를 개척자란 미명(美名) 아래 제멋대로 이용하는 것은 악용이며 죄를 짓는 것이다. 만왕의 왕 예수, 영원하신 천국의 소유자 하나님은 이용하기가 어렵다. 남항교회와 충효교회는 일개 개인 전도사에게 이용 당하고, 시험에 들었으나 하나님이 불허하시니, 그들은 실패하였고, 이제 먹는 것도 유지하기가 어려워졌다. 하나님은 살아 계신다.

"나의 부르짖음을 들으소서. 나는 심히 비천 하나이다. 나를 핍박하는 자들에게서 나를 건지소서. 그들은 나보다 강하나이다."(시 142:6)

③ 도원(桃園) 교회

1976년 4월 25일, 나는 도원교회 사역을 시작했다. 당시 충효(忠孝)교회의 한 집안이 자기가 근무하는 도원으로 이사를 했는데, 그 분의 부인이 내게서 세례를 받았고, 세례 받은 기념으로 자기 집을 예배처로 제공한 것이다. 타이페이에서 도원까지는 교통이 매우 불편했는데, 1977년 1월 1일 하나님의 은혜로 차가 생겼다. 포드 1,600CC였다. 차량 구입은 한국 전국(고신) 여전도회 총회가 송금을 해 주셔서 이루어졌다. 당시 박복달 종신회장, 김계초 전도사, 신정순 전도사, 이 경북지역의 여왕 세 분이 적극적으로 수고를 해주셨다. 지금은 모두 작고하셨으나 늘 감사한 마음이다. 그 시절에 국내 목사들 대부분은 이런 차를 탈 수 없는 형편이었으니 감사는 배가 되었다. 그 차량 덕분에 버스로 내왕할 때 약 4~5시간이 걸렸던 시간이 고속도로 약 30분이면 도착할 정도로 단축되었다. 교회는 약 2년 후 인근의 아파트 2층으로 이사했다.

1) 규모: 약 30평 아파트 2층.
2) 재단: 재단 법인 있음.
3) 교통: 고속도로는 약 2Km.
4) 목사: 목사가 목회하다가 지금은 전도사가 있음.
5) 언어: 만다린어(북경어).

참 된 교회는 이긴다(시 46:7,11).

도원교회는 약 2년 후 인근의
아파트 2층으로 이사했다.

한국 전국(고신) 여전도회 총회에서 구입해준 포드 1600cc

④ 동광교회

1985년 10월 13일 개척한 이 교회는 내가 개척한 남항교회가 후원해서 준비한 건물에서 시작되었다.. 당시 남항교회는 개척교회를 위해 우리 신학원 학생이 아니고, 초교파 신학원의 학생을 전도사로 초청했다.

당시 일반 신학생들은 지방교회에서 월 7,000원을 생활비로 받았으나 남항교회에는 개혁주의를 선전하는 의미로 월 14,000원을 지급했다. 그러나 이 전도사는 자기가 14,000원을 받는 것을 말 안하고 살았던 것이 화근이 되었다. 우여곡절 끝에 이 전도사가 남항교회에서 약 30km 떨어진 곳에 4층 아파트의 1층(예배처)과 4층(사택)을 세주고 빌렸는데, 이 비용은 남항교회에 큰 짐이 되었다.

신학도 졸업하고 얼마 동안 목회를 하던 이 전도사가, 이번에는 미국으로 가버리고 돌아오지 않아서 우리는 다른 교역자를 청빙해야 했다. 미국으로 간 그는 원격으로 동광교회의 목회를 간섭하면서 혹여 문제 생겨 돌아올 경우의 귀국도 대비하고 있었다. 그 전도사는 미국에서도 목회를 하면서, 동광교회로 하여금 노회에 참여도 못하게 했다.

궁극적으로 동광교회는 시험을 이겨냈고, 만왕의 왕 예수님께 복종하고 영광을 하나님께 돌릴(계 19:1, 16) 수 있었다. 그 과정에서 남항교회는 많은 수고를 했다. 동광교회는 어렸다(young).

⑤ 사광교회

1990년에 시작했다. 청빙한 목사는 우리 신학교에서 교육받고, 졸업도 하고, 목사 안수도 했으나 개혁주의신학이 흔들렸다. 교회는 흔들리는 사람을 신임할 수 없었다. 결국 교회를 사임했고, 신도들이 교회를 유지하고 있었다. 아쉽게도 사광교회는 지금까지 노회에 참여하지 못하고 있다.

너의 이름은 사광(士光),
개혁주의 신학은 세계적으로 보수적이다.
복음주의 개혁신학은 성경적이다.
성경이 말하는 개혁주의 신학.
성경이 말하는 개혁주의 신앙.
성경이 말하는 개혁주의 교회.
개혁주의 교회 사광아, 너의 이름은 위대하다.

개혁주의 교회의 요절 :

"이는 만물이 주에게서 나오고, 주로 말미암고, 주에 게로 돌아감이라, 그에게 영광이 세세에 있을지어다." 아멘!
(롬 11:36).

⑥ 화련교회

1983년 5월 15일 화련교회를 개척했다. 화련교회는 대만 동부의 유일한 개혁주의 교회였다.

1983년 5월 17일 한국 서울 등촌교회가 화련교회 개척을 위해 한국돈 60만원을 헌금 해 주셨다. 화련은 대만의 동부 북쪽에 있는 세계적 명승지다. 일명 대리석 골짜기다. 시냇가에 누워있는 그 바위들이 모두 대리석이다. 화련은 그 전체가 명승지이다. 타이페이에서 열차로 3시간(지금은 2시간)을 가야 하는 거리인데, 필요시 항공으로 가기도 한다. 비행시간은 15분이다. 이런 환경 속에서도 좋은 전도사를 찾지 못하여 10년이 넘는 동안 우여곡절을 겪으며, 이사 가고, 천당 가고 부득불 부광(다음의 교회)교회와 합하였다.

화련교회의 충실한 주의 종 하목사와 종목사, 두 분다 내가 안수하여 세운 현지인 목사이다.
두 분은 원주민이 아닌 대만인으로 화련 교회의 주도적 지도자들이었다.
저가 은퇴 후에 이 형제가 작고한 소식을 듣고, 너무 안타까웠다.
(오른쪽 나의 왼편 형제), 장소는 화련에 있는 부광교회 마당.

"항상 우리를 그리스도 안에서 이기게 하시고, 우리로 말미
암아 각 처에서 그리스도를 아는 냄새를 나타내시는 하나님
께 감사하노라."(고후2:14)

⑦ 부광교회

부광교회는 1990년 4월 29일에 시작되었다. 이 교회는 타이페이
에서 열차를 타고 화련에 가서 그곳에서 버스로 다시 1시간쯤 남쪽
으로 내려가야 하는 곳에 있다. 교인들은 대부분 원래 대만 장로교
사람들이었다. 거기 한 교회가 시험에 빠져 장로 몇 사람들이 목사
를 반대하다 모두 징계를 받은 일이 있었다. 그들이 나에게 도움을
요청했다. 네 분의 장로들은 1,000평 정도의 땅을 사서(사진 참고) 2
층 예배당을 짓고, 땅과 함께 재단법인을 타이페이에 있는 남항교회
재단 법인에 합병했다. 이것은 현재도 그대로 유지되고 있다.

지금은 당시의 장로들과 노인들이 대부분 작고하고, 젊은이들은
타이페이에 가서 돈벌이하고, 명절 때(성탄, 설, 추석 등) 돌아와서
함께 예배를 드린다. 당시엔 성도들이 약 50명 정도 되었는데, 지
금은 산아제한을 받지 않아 후세들이 많아졌고, 고령층은 몇 사람
안 된다. 은혜로운 교회이다.

부광교회를 섬기면서 이런 일도 있었다. 주일이 되면 토요일 저
녁에 열차로 화련에 가서 역 근처 여관(화장실이 없어, 대소변을 풀

1995.8.6, 화련 부광교회. 1000평 신축 부지.

2002.5.27, 부광교회 당 개공.
2002.12.28, 부광교회 당 완공.
2003.1.8, 부광교회 당 헌당.
대지 1,000평에,
한국산 의자와 피아노.
대만 동부 유일한 개혁파 장노회.

예수께서 살리셨다

밭이나 역사를 이용)에서 자고, 주일 아침에(조반은 금식) 버스로 1시간쯤 가서 예배하였다. 노인들에게는 일어로, 젊은이들에게는 중국어로 설교했다. 그리고 예배를 마치면 제직회(장로, 집사)를 마치고 오후 1시 열차편을 타고 화련으로 돌아왔다. 점심 먹을 시간조차 없었다. 화련에 도착해서도 오후 3시에 화련교회의 예배를 인도해야 했다. 그러나 2시부터 3시(예배)까지의 1시간은 고통 같은 불편이 따랐다.

졸리고, 배고픈 와중에, 예배할 교인들은 낮잠을 자고 있기 다반사였다. 2시 반 쯤 교회 문을 두드리면 그들은 아직 자고 있었다. 억지로 문을 열고 3시 예배 후에는 5시 열차로 대북에 가야 집에 갈 수 있었다. 집에 도착하면 저녁 8시 30분 쯤 됐다. 그때야 저녁(아침, 점심까지)을 먹게 된다. 온 종일 물도 제시간에 먹지 못할 때가 많았다. 예수님의 십자가를 바라보면서 복음을 짊어지고 한국에서 대만까지 왔으니 내 몫으로 매인 십자가 내가져야 했다.

내 주님지신 십자가 우리는 안질까
뉘게나 있는 십자가 내게도 있도다.
내 몫에 메인 십자가 늘 지고 가리다.
그 면류관을 쓰려고 저 천국 가겠네.

"누구든지 나를 따라 오려거든 자기를 부인하고 자기 십자가를 지고 나를 따를 것이니라"(마 16:24).

대만의 교회는 소위 대만장로회가 역사적인 대세를 이룬다. 시작할 때는 모두 개혁파로 하나님께 영광을 돌렸다. 그러나 W.C.C(세계 교회 협의회)에 가입하면서 개혁주의의 본질이 흐려졌다. 그러나 우리 한국교회(K.P.C)가 대만 개혁파 운동을 다시 시작하게 되었다. 안타까운 것은 이 운동이 대만의 시골에서 시작되었다. 이 점에 대해서는 다음 문제에서 더 설명하겠다. 한국에서 1984년 7월에 전국 대학생 수련회의 강사로 초청받아 무주 구천동으로 간 일이 있다. 그 때 800명이 큰 비를 맞으면서 시작했다.

그 때의 나의 주제는:
"로마도 보아야 하리라"(행 19:21).

1984.7에 무주 구천동에서 전국 대학생 수련회 주강사로 봉사했다.
당시의 주제는 "로마도 보아야 하리라" 세계 선교에 대한 꿈을 가져라.
대만에서 "중국개혁파신학교" 란 간판을 걸었다.

중어는, "必須 往羅馬去看看" (삐쉬왕 로마 취칸칸)

영어는, "I must also see Rome" (아이 마스트 올소 시 롬)

원어는, "$\delta\varepsilon\iota$"(---야). 데이는 반드시

국어는, "보아야" 즉 야 한글자로 동사에 붙어있음.

여기에서 "반드시 보아야"로 번역했으면 좋을 뻔했다.

그래서 저는 작은 로마(수도 대북)로 왔다. 예수 믿고 십자가로 7개 교회를 세웠다. 교회는 작다. 그러나 간판은 의외로 크다. 나의 포부 즉 우리 교단이 맡겨 주신 사명은 개혁파 운동이었다. 이 운동을 마귀들은 싫어했다. 곳곳에서 충돌했다. 그 때마다 성령께서 능력으로 나를 도와 주셨다. 다른 분들이 세운 교회는 내가 손을 대지 않았다. 나는 대만에서 칭찬이 자자할수록 본국에서는 뭇매를 맞는 일이 많았고 3번 소환(대만에서 부산까지, 그 비용 다) 당하는 일도 겪었다.(이 일은 뒤에 더 말하겠다.)

나의 3대 운동 :

1. 교회운동 : 교회는 천국이다(마5:3).

2. 신학운동 : 성경은 진리이다(딤후3:16).

3. 문서운동 : 주석은 개혁이다(요17:17).

마귀들이 나의 선교를 어둡게 하다가 성령님께서 능력(고전2:4) 주셔서 7개 교회라도 세워주신 것은 전부 예수님이 나를 살리셨기 때문이다.

(2) 신학운동

1976년 9월 27일 대북 충효교회에서 신학운동을 시작했다. 함께 할 인원이 몇 사람(약 5명) 안 되었지만 그래도 시작했다. 나는 이 신학운동을 헬라어부터 시작했다. 이 헬라어 강의가 10년 이상 계속됐다. 나중에는 한 사람만 남았지만 이것도 중요하다면서 O.P.C.(미국 정통장로회) 앤드류(Andrew) 마이 선교사는 대만의 남부 고웅 시로부터 항공으로 와서 강의하셨다. 이 한 사람이 졸업을 하고 학생이 없어 신학운동을 잠시 쉬기도 했지만 최선을 다했다.

나는 이 두 분과 진정홍(신죽교회 목회) 목사, 네 사람이 개혁주의 신학교를 시작했다. 신학교를 개학하니 미국의 CRC 선교사(김 목사와 계속 충돌)가 합세했다. 현재 "대만 개혁주의 신학원"은 학생이 120명 이상이며, 부득불 학교 확장을 서둘고 있다.

1990.10.15, 시깡 목사 신학원 개설자 · 맥커펠트 선교사 신학원 개설자

1990년 10월 15일 남항교회의 진진중 장로와 함께 풍시깡 목사를 방문해 신학운동의 일환으로 개혁파 운동 다시 시작하자고 제안했다. 이에 풍목사는 기꺼이 환영의 의사를 밝히고 강의를 맡아주셨다. 나는 이 부분에서 타이페이의 중국 개혁종(파)신학원(中國改革宗神學院)은 김영진 선교사가 개설한 것이 아님을 분명히 밝히고 싶다. 위의 신학교와 김영진 선교사는 전혀 관계가 없다.

언젠가 한 분이 이렇게 말한 적이 있다. "김 목사는 신죽에서 신학원을 하시다가 대북으로 옮겨서 개혁종신학원을 세웠다"는 것이다. 그런데 이 말은 사실이 아니다. 김 목사는 개혁종신학원 설립을 지지하지 않았다. 김 목사와 동조했던 (내가 대만 선교사로 초청했던) 이병길 목사는 이렇게 말한 적도 있다. "유 목사가 개설한 개혁종신학원은 불법신학교이다." 이 말은 김 목사가 이 신학원을 인정하지 않았다는 뜻이기도 하다. 내가 왜 김 목사와 의논하지 않고, 혼자서 신학원을 세우게 되었는가?

당시 C.R.C. 선교사들은 김 목사를 멀리했고 김 목사는 노회를 분열시킨다면서 서로 대립하던 상황이었다. C.R.C.(미국개혁파선교부)와 같이 신학원을 하고 싶었는데, 이 사람들이 김목사와 같이 동역할 수 없는 상황이었다. 당시에 신죽교회 진정홍 목사, C.R.C.의 선교사들, 도생(도생)신학원(비개혁파)의 마이(McCafferty)교수 (내가 초청하여)등이 함께 신학원 사역을 하게 되었다.

현재 이 신학원이 사용하는 건물은 C.R.C. 선교부가 제공해 준 것이다. 그리고 현재의 개혁종신학원은 마이 교수의 공헌이 컸다. 이 신학원이 있음으로 대만의 개혁주의 운동이 크게 빛나고 있다. 앞으로 중국의 R.P.C.C.(개혁교회) 총회의 다니엘 개혁 신학원과 한국 고신의 신대원이 합력하여 아세아에서 주도적 신학원이 되기를 기도해 본다.

"너희는 너희 하나님 여호와를 신뢰하라 그리하면 견고히 서리라. 그의 선지자들을 신뢰하라 그리하면 형통하리라"
(대하20:20).

당시에 몰려 온 학생들은 :
화련교회에서 4명, 빠링교회에서 1명,
영문교회에서 3명, 남항교회에서 2명,
청강생 1명

1996년 3월 25일 신학원은 남항교회에서 남경동로 4단, C.R.C.건물로 옮겼다. 그리고 원장의 자리를 C.R.C.선교사에게 맡겼다. 그런데 이 자리를 타인에게 맡긴 것은 나의 실수였다. 이후 후회를 해야 했다. 나는 총무를 하면서 지하실에서 강의를 했는데, 그는 그것을 싫어했다. 이 일로 소위 원장이 나를 비난하고 책망하고 야단치는 일이 있었다. 나의 제안으로 원장이 되었건만 그는 나에게 무례하기도 했다. 곧 은퇴할 사람이라 원장 자리를 호의로 맡

1995, 남항교회에서 중국개혁종 신학원이 계속 학업하고 있다.

위의 학생 11명은 남항교회에서 야간신학을 한 인원이다. 모두 근무하는 사람들이라 나의 아내가 남항교회 식당을 이용하여 저녁식사를 준비해서, 함께 식사부터 하고 수업을 했었다. 그렇게 저녁 식사를 통한 예찬은 약 6년을 지속했다.

어려울 때 혼자 고군분투하였지만 성령께서 계시기에 선교사는 외롭지 않다.

대만 중국개혁파 신학원.
남경동로 4단으로 이사하고, 처음.

긴 것인데, 그는 그 호의를 감사해 하지 않았고 교만했다. 그가 교
만한 것은 (a)자기는 중국계요. (b)부인은 미국여인이요. (c)나보다
영어 잘한다는 것이 이유였다. 회의 때마다 눈이 뻘개지고, 원장으
로서 권리만 주장했다. 후에 은퇴하고 귀국(미국)한 후 그는 한 눈
이 실명되어 얼마 후에 작고했다. 하나님께서는 교만한 자 싫어하
신다. 우리는 겸손해야 한다.

1997년 9월 29일 나는 스위스(Switzerland)의 바우스바인(J.J.
Bauswein, Johs Knox Centre, Handbook office, bausein@
wanadoo.fr)목사에게 대만의 개혁주의 교회들과 개혁주의 신학교
(China Reformed Theological Seminary C.R.T.S.)를 소개했다.

대만의 신죽교회 진정홍 목사도 동시에 대만의 우리 개혁신학
원을 소개했다. 당시에는 우리 신학원이 작은 신학원이었지만 현

정성구 박사, 총신 총장, 개혁주의 설교학 특강
1996.5.20~25.

재는 대만에서 가장 큰 주요 신학교 중의 하나로 발전했다. 그분이
"세계의 개혁파 교회들" 책자에 92개 교회를 소개했는데, 내가 기
억한대로 92개중 제 1호가 한국의 고신 개혁파 장로회 교회다.

아무것도 모르는 늙은(44세) 선교사가 아이들(셋은 데려가고, 둘
은 석원태 목사님과 정겸효 장로님께 맡겨두고)을 데리고 대만으
로 갔다. 선교 초부터 생활비 송금이 어려워지면서 미국 유학생들
에게 까지 걱정을 안겨 드렸다. 유학생이 십일조를 선교지로? 말도
안되는 일이었지만, 변의남, 황찬기, 박종칠, 박대근, 한무 이 형님
들이 달러를 송금해 주셨다. 그 고마운 사랑, 철저히 선교해서 그
사랑 보답하리. 박사님들 감사합니다.

예수님께서 주시는 큰 상급 받으소서. Amen!

미국 유학생들은 어려운 상황에도 불구하고 사랑의 마음으로
십일조를 보내주셨다. 사진은 당시 유학생이셨던 박대근 박사,

교회운동에서도 마귀가 춤을 추더라.

신학운동에서도 마귀가 춤을 추더라.

문서운동에서도 마귀가 춤을 추더라.

L 목사가 교단선교부 총무로 영전했을 때의 일이다. 그는 당시
흑룡강 신학교를 운영한다는 K 선교사와 동역하며, "열린 문(삼자
교회)으로 가자"며, 선교부의 헌금을 흑룡강 지역 삼자 신학교에
사용한 바 있다. 그 돈이 얼마인지는 여전히 모르겠지만, 그 후 흑
룡강 신학원은 그 돈으로 헌 건물을 수리해서 신학교를 운영하고
있다고 한다. 나는 지금도 중국 정부가 지원하고 있는 중국 삼자 신
학교를 후원한다 거나, 동역하는 것은 권하지 않는다.

선교 사역 중에 현지 교회 지도자를 양육하는 신학교육 선교 사
역은 중요하지만, 지혜롭게 해야 할 것이다.

나는 누군가를 대신하기 위해 파송 받은 적 없다.

나는 어떤 사람의 예비타이어가 아니다.

나는 오직 하나님을 위해 선교를 한 것이다.

나는 동기생이나 무슨 계파가 없다.

나는 43세 비로소 선교에 투신했다.

나는 1974년 대만에 부임한 이래 1990년까지(16년간) 신학교를 못했다. 때가 차매(갈 4:4-6) 하나님께서 예수님을 보내셨고, 나를 대만 선교사로, 중국 선교사로 보내셨다. 때가 차매, 대만 개혁파 신학교와 중국 개혁파 교회 운동과 개혁 신학교를 사람과 의논하지 않고, 하나님 앞에서 시작했었다.

교단으로부터 적극적인 지원을 받을 수 없었던 나는 부득불 독지가들을 불러 하소연했다.

1995년 경 캐나다 김용출 목사님 부부,
중국개혁파신학원 1990년 이래 6년간 남항교회서 수업.

지금의 대만개혁주의 신학교(CRTS)는 아름답고 위대하다. CRTS는 대만에서 개혁파운동을 하고, 중국 대륙에서의 중국개혁주의 교회(RPCC: Reformed Presbyterian Church of China)와 다니엘 개혁주의 신학교는 중국에서 개혁파 운동을 하는 것이 엄현한 현실이다. 중국 대륙에서의 개혁주의교회(RPCC)는 중국에서 그 규모가 크다. 신을 부정하는 공산국가 중국이 개혁주의 교회를 중국의 다섯 이단 중 첫째가는 이단으로 방송하였으나, 기실은 중국에서 아니 세계에서 개혁주의 교회는 첫째가는 보수적 신학의 교회이다. 이 개혁주의 교회를 영접하면 중국은 미국과 같이 아름다운 나라가 될 것이다. 반대로 개혁주의 교회를 핍박하면 하나님의 원수가 되고 적그리스도가 된다. 당연히 적그리스도는 하나님이 심판하실 1순위다.

> "미혹하는 자가 세상에 많이 나왔으니 이는 예수 그리스도께서 육체로 오심을 부인하는 자라. 이런 자가 미혹하는 자요 적그리스도니... 지나쳐 그리스도의 교훈 안에 거하지 아니하는 자는 다 하나님을 모시지 못하되, 교훈 안에 거하는 그 사람은 아버지와 아들을 모시느니라"(요일7-9).

마귀의 집요한 훼방 속에서도 예수님이 살리셨다.

개혁주의 운동은 영향력이 크다. 중국에서 더욱 크다. 마귀의 셋 영(용의 입, 적그리스도의 입, 거짓선지자의 입)이 입을 모아 핍박하나, 만 왕의 왕 예수님이 아마겟돈(Harmagedon, 계 16:16,17:14)에서 심판하시고 영원히 찬송 받으실 것이다.

(3) 문서운동

1980년부터 지금까지 20권(17권은 중국어로, 한글로 된 것 3권)을 출판했다. 그 중 1권(예수님의 팔복)은 영어로도 번역을 했다. 모두 성령님께서 하신 일이다. 축복이 아닐 수 없다. 책 출간을 위해 나는 주로 야밤에 일어나서 원고를 쓰고, 교정했다. 출판을 하고도 배달하고, 중국까지 방문하여 재판하고 하나님께 큰 영광 돌렸다. Halleluiah!

본래 문서운동의 내용은 광범위하다. 나는 책을 써서 개혁운동에 힘을 보탰다. 대만에서 책을 쓰려면 중국어로 써야 했는데, 공자타령만 하는 중국인들을 대상으로 어떻게 써야 하는지 걱정이 앞섰다. 나는 중국어 발음부호가 붙어있는 중국어 성경을 가지고 가정예배와 성경 공부를 했는데, 6개월 즘 되었을 때, 무슨 회의에 참석하러 가는 길에서 하얀 빛이 내게 와 부딪히는 경험을 했다. '주여! 무슨 일입니까?' 그런데 회의에 참석했을 때, 중국어가 들리고, 또 몇 마디 표현할 수 있는 말을 할 수 있었다. 방언인가 싶어 은혜와 감사로 즐거워 했다. "속히 통하게 하소서. 많이 통하게 하소서".라며 찬양을 하며 기도했다.

세례문답 책 사진

1974년 부임하여, 6년만인 1980년 11월 20일 『세례문답』(35쪽
A4 용지 반쪽크기) 5,000권을 인쇄했다. 이 소책자를 위하여 당시
대만장로회의 제1인자 탁휘룽 목사님께 추천서를 부탁했다. 그 분
의 추천서가 걸작이었다.

劉煥俊牧師的著作洗禮問答問世了，拜讀以後，欽佩萬分。 劉牧師在各處教會工作，
深感造就一 位健全的基督徒品格， 庶為教會的棟樑， 一 定要在入教以前有充分的
準備， 就提筆寫這本洗禮問答，可以說是慕道友之教本。

劉牧師是韓國耶穌教長老會差會派來中國傳揚基督福音的兩位宣教師之一。 第一位是
金榮進牧師， 一 十餘年如一日， 默默地在台灣工作。第二位是劉牧
師，來台已近七年，也在全省各地工作（譯註：在台宣教28年，退休回韓國釜山。之
後，後續致力於中國本地傳教工作至目前2020年）。他們兩位牧師都是出身於高麗神
學院。該院的創設者是韓尙東牧師 （本人在美國時認識），他為主忠心到底，勇敢
反對崇拜日本的太 陽神， 受判七年坐牢 ，一直到日本戰敗，韓國光復，才得自由
之身
（本人當時也曾經受到同樣的迫害），他即時創設高麗神學院，以堅強純正的信仰栽
培眾多學生， 不論在國內、外，為主做美好的福音工作。他的弟弟韓命束牧師也是
本人的老同學，於四十四年前，我就讀於日本中央神學院時的學兄。我非常感激他們
兩兄弟的為主奮鬥精神，也感謝韓國耶穌教長老會差會，為協助中國的傳揚福音，每
年付出鉅大的精神及金錢，支持在中國之宣教工作。

最後，深盼劉牧師的著作洗禮問答能充實富足了各教會的慕道友，成為得勝的基督精
兵、以榮耀主名。

　　　　　　　　　탁휘룽 목사의 추천서
　　　　　　　　　(탁휘룽 원로 목사님은 대만 장로회 총회 명예 은퇴목사)
卓輝隆

탁휘룽 목사의 추천서 번역본
(탁휘룽 원로 목사님은 대만 장로회 총회 명예 은퇴목사)

유환준 목사님의 세례문답 책자가 출간되어 나왔는데, 그 책을 읽은 후 저는 그 책에 탄복하는 마음입니다. 유목사님은 여러곳의 교회에서 일했으며, 건전한 그리스도인의 성품을 지닌 사람이 교회의 기둥이 되기 위해서는 반드시 사람이 가르치기 이전에 충분한 준비의 과정이 뒷받침해야 하는 것을 심히 깊이 느끼는 마음에서 이 세례문답 책자를 지었습니다. 이 책은 세례를 받기위한 초신자 학습자 친구들의 좋은 교재본입니다.

유목사님은 한국 예수교 장로회에서 대만으로 파송하여 그리스도의 복음을 전도하는 두 선교사 중 한 명입니다. 유목사님은 오신지 이미 7년이 되었고 그 동안 대만 여러 지방에서 수고하고 있습니다 (역자 주: 대만에서 27년간 선교한 후 은퇴하시고 한국으로 귀국. 그 후, 중국 본토를 활동 무대로 바꾸어서 그는 2020년까지 한국 부산 사상에 거주하며 수시로 중국을 방문하여 현지인 상대 선교 및 인재 육성, 신학 교육사업을 지속하였음).

그는 한국 고려신학대학원을 졸업하였습니다. 이 신학원의 설립자는 한상동 목사님이시고(미국 유학 기간에 같이 알게 됨), 그 분은 주님께 충성을 다했으며, 일본의 태양신을 숭배하는 것에 용감하게 나서서 반대했으며, 그리하여 7년 징역형을 선고 받았으며, 일본이 패전 항복해서 광복을 한 후에야 자유의 몸이 되었고(그 당시에 저도 같은 박해를 겪었습니다) 그 후 즉시 한국의 고려신학대학원을 설립하셨으며, 강력하고 순수한 믿음으로 많은 신학원생들을 육성했으며, 그리고 국내외를 막

론하고 언제나 주님을 위해 복음을 전파했습니다. 그 분의 동생인 한명동 목사님은 44년 전 제가 일본 중앙 신학원 공부 시절 때 같은 학교 동창생으로 지냈습니다. 이 두 형제분이 주님을 위해 투쟁하는 것에 대해 진심으로 감사하게 여기며, 또한 중국의 복음 전파를 위해 도와주신 한국 예수 기독교회 장로교에 감사드립니다. 한국 예수 기독교회 장로교는 두 선교사들을 대만으로 파송하고, 그들의 선교 사업을 지원하기 위해 매년 많은 노력의 후원과 물질적 지원을 하고 있습니다.

끝으로 유목사님의 저서 세례문답 책자가 각 지역 교회에서 세례를 받기위한 초신자 학습자 형제자매들에게 풍요롭고 아름다운 신앙을 맺을 수 있게 하고 그들로 하여금 승리한 크리스찬 군병이 되어 주님께 영광을 돌리는 삶에 유용하게 쓰임 받기를 간절히 기도 드립니다.

탁휘륭(卓輝隆)목사

주후 1980 년 9 월 12 일

劉煥俊牧師首版洗禮問答對於預備受信的慕道友頗有幫助。許多教會採納做為受洗前問道的材料。

一九八五年長老教會將積極推行人人傳道運動，並訂立至少有兩萬伍仟人受　洗　之目　標　。

為了使慕道友更清楚受洗的意義，預備成為一位主所喜歡的基督徒。建議各教會　重視受洗前的教育。

本人根據各教會的良好反應，　　決定推薦本書洗禮問答，並列入人人傳道之參考資料。為慎重起見劉煥俊牧師在再版前重新編訂。　本人感謝劉牧師牧能提供寶貴著作作為台　灣基督長老教會使用　。

謝禮明謹序

謝禮明 목사 추천사

사희명 목사 추천사

유환준 목사님의 세례문답 출판 책자는 세례를 받기위한 초신자 학습자들의 준비
과정으로 좋은 도움이 됩니다. 많은 교회들이 세례를 받기 전 교리 문답교육 사
용 목적의 교재로 이용되고 있습니다.

1985년에 대만 장로교회가 전 교인 전도 운동을 장려 추진하며 최소 25,000명이
세례를 받을수 있도록 하는 목표를 세웠습니다. 초신자 학습자 친구들에게 세례
의 의미를 더 잘 알리기 위해 그리고 그들이 주님께서 좋아하는 그리스 도인이 될
준비가 되어있기 위하여 각 교회는 세례 전 교육을 소중히 여길 것을 권장합니다.

저는 각지 교회의 좋은 반응에 근거하여 이 세례문답 책자를 추천해 드리고자하고
또한 전 기독교인 모두의 전도 운동에 참고 자료로 사용해 주시기로 결정했습
니다. 유목사님께서 다음에 재 출판하실 때 필요하면 더욱 많이 사용하겠습니다.
본인은 대만 기독교 교회가 사용할 수 있도록 귀중한 책자를 출판하신 것에 대해
유목사님에게 감사드립니다.

사희명 (謝禧明)목사 공경한 마음으로 추천함.

나의 문서운동에 하나님께서는 오묘하신 은혜로 축복하셨다.

탁휘룡-한상동-한명동-사희명-대만장로회-중국
대만-미국-일본-대만-총회-중국

나의 "세례문답"이 출판되기 전에는:

```
改革宗
개혁종

基督教              忠孝敎會
기독교              남항교회
       長老會
       장로회
```

이 교회 간판을 보고 이단이라 비평한 대만 사람들이 있었다. 그 때 대만은 대만장로교의 천지였다. 그러나 내가 쓴 『세례문답』이 보급되면서 이단이라는 불명예로부터 벗어난 것은 물론이고 책을 우편 배송해 달라는 주문이 이어졌다. 이 책에 실린 탁 목사님의 추천서를 보면 하나님의 오묘한 은혜를 바로 알 수 있었다.

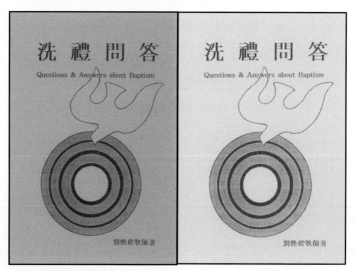

1. 저 자: 유환준 선교사
2. 추천자: 탁휘룡 대만 장로회 원로목사
3. 출판일: 1980
4. 출판수: 5,000권 (원본)

대만 장로교의 어른이 어느 때인가 미국에 가셨는가?
한국 고려파의 어른이 어느 때인가 미국에 가셨는가?

그 당시에 미국 가는 사람이 많지 못했다.
그 넓은 미국 어디선가 두 어른이 만나셨다.
또 일제의 핍박한 순교의 이야기들을
세밀히 전달한 것은
모두 대만선교를 위한 준비 과정이었다.

대만의 어른이 언제 일본 신학원에서 유학하셨나?
한국의 어른이 언제 일본 신학원에서 유학하셨나?
두 어른이 같은 원수의 나라에서 같은 신학을 하셨나?

    탁 목사님은 한명동 목사님을 선배라 하면서 극구 칭찬하셨다. 성령님의 오묘하신 은혜였다. 사희명 목사님은 대만기독장로교회의 대표로서 1985년에 장로교회의 "전교인 전도"로 적어도 25,000명이 세례교인이 되게 하겠다는 목표를 세우시고, 이 전도운동에 제가 출판한 『세례문답』을 교재로 사용하시기로 했다. 이 졸작을 1,500권을 특별히 출판하셔서 500권을 판권비로 내게 주시고, 1,000권은 자기 교단 각 교회에 1권씩 배포해서 각 교회가 필요한 대로 복사해서 교재로 사용하게 하셨다. 이 작은 책이 대만 전성에 퍼지면서 저의 문서운동은 힘을 얻었다.

예수님의 십자가의 구속운동은 장미화 같이 피었고,
예수님의 부활영광 천국운동은 백합화 같이 피었다.

사목사님은 탁목사님의 추천서를 보시고 졸작을 정통개혁파 신학적 교재로 확신하셨다. 그리고 안심하시고 사용하셨다. 여기서 이 작은 종은 추천해주신 탁휘룡(대만인) 목사님과 사희명(대만인) 목사님의 사랑의 격려에 다시 한 번 감사를 드리고 싶다.

당시 이 작은 책이 대만 선교에 이렇게 사용된 것은 우리 하나님의 기쁘신 섭리였다. 주님의 종 탁휘룡 목사님을 미국으로 일본으로 보내시고, 이 추천서를 쓰게 하신 것도 결코 우연이 아니었다

하나님 여호와께서,

"나를 사랑하고 내 계명을 지키는 자에게는 천 대까지 은혜를 베푸느니라" (출20:6).

나의 문서 운동이 『세례문답』으로 끝이 아니라 시작이었다. 대만에서 문서로 선교하는 것의 유익은 다음 네 가지 정도로 정리가 된다.

a. 중국인도 어려운 한자(漢字)는 꺼린다.
b. 심방은 어렵다. 그러나 책자는 그 사람의 안방에 산다.
c. 말은 실수 할 수 있다. 그러나 기록은 정확하다.
d. 선교사는 죽는다. 그러나 책자는 안 죽는다.

책을 쓰기 위해서는 매일 새벽 2시에 일어나 열심히 썼다. 이 시간은 현재도 변함없다. 대만과 중국의 교회 실정은 개혁주의 성경 주석이 시급했으나 중국어 실력이 필요했기에 주석 이외의 성경 참고 서적들을 우선 출판하면서 실력을 길렀다.

1980.10. 10 세례문답(4판, 초판 5,000권).

1984. 6. 2 구약개론(3판).

1984.12. 25 교육설교.

1986. 6. 13 신약개론(2판).

1987. 4. 21 초신자 훈련.

1988. 6. 20 기독교란?

아무리 실력을 길러도 중국인들의 문장은 초월할 수가 없다. 오직 인내와 사랑으로 문서 선교를 계속했다. 1990. 9. 14 용기를 내서 처음으로 창세기와 출애굽기를 합하여 강해식 주석 1권을 출판한 것을 시작으로 1990 ~ 2001 (은퇴기) 11년간 성경 9권 주석서를 출판했다.

누구의 도움도 없이 혼자서:

설교하다 - 맡은 일 다하며, 모든 손님 접대하며 문서 선교를 했다.

쓰기하다 - 문서운동 중요하다. 문(文)은 무(武) 보다 강하다.

인쇄하다 - 대만서, 중국서 각 책 3,000권을 인쇄했다.

교정하다 - 할 만한 사람이 없었다.

재판하다 - 교육설교, 초신훈련 외 모두 재판(4판도).

복사하다 - 필요한 책(필자의)은 다 복사를 하도록 허용했다.

〈유환준 선교사 중국어로 출판한 성경주석 목록〉

NO	책 명	판수	출 판 일	권수	페이지	출판사	출판비
1	창세기+출애굽기	초판	1990. 9. 14	1,000	378	대만 교태	$3,430
2	창세기	재판	1997. 4. 1	1,000	418	대만 교태	$2,970
	창세기	3판	1997. 9. 4	2,000	418	한국 대구	$4,600
3	출애굽기	재판	2002. 10. 30	3,000	310	A국 서안	$1,700
4	레+민+신	초판	1993. 7. 30	1,020	389	대만 교태	$2,800
	레+민+신	재판	1999. 7. 14	1,000	389	한국 대구	$1,850
5	레위기	3판	2001. 7. 30	1,000	126	A국 서안	$500
6	민수기	3판	2001. 7. 30	1,000	150	A국 서안	$500
7	신명기	3판	2001. 7. 30	1,000	159	A국 서안	$500
8	다니엘서	초판	2000. 11. 10	2,000	245	A국 서안	$1,200
9	사도행전	초판	1995. 9. 13	1,000	426	대만 교태	$4,600
	사도행전	재판	1996. 4. 1	1,000	426	대만 교태	$4,800
	사도행전	3판	1998. 5. 10	10,000	327	A국 서안	$4,485
10	로마서	초판	1992. 12. 2	1,000	225	대만 교태	$800
	로마서	재판	1998. 6. 10	8,000	154	A국 서안	$500
	로마서	3판	1998. 10. 5	1,000	225	한국 부산	$1,100
11	계시록	초판	1991. 3. 22	1,000	191	대만 교태	$2,570
	계시록	재판	1998. 6. 10	8,000	153	A국 서안	$500
	계시록	3판	1998. 8. 18	1,000	190	한국 부산	$1,100
12	요한복음	초판	2009. 2	1,000	345	한국 부산	$4,000

왼쪽은 한동석 선교부장(나의 출국시), 중간은 박태수 목사님, 오른쪽 임종만 목사님.
세분이 대만 방문. 작은종 그렇게 날 사랑하신 형님들

세 분 선교 어른 방문 관광. 내 앞분 부터:
최일영 대신동 교회, 전성도 온천 교회,
박창환 사상 교회. 저의 선교에 삼사(三師) 멘토.

　은퇴한 후에 2001~2020까지 약 20년 역시 문서선교운동은 지
속해왔다. 중국에 가서 강의할때도 내가 쓴 책들을 교재로 사용했
다. 내가 쓴 책들이 중국인들에게 아주 유용하게 쓰임을 이렇게 말
한 분이 있었다. 남미 아르헨티나에서 선교하시는 윤춘식 선교사
님이 대만에서 오신 선교사(대만인)를 만났을 때다.

　대만선교사님께서 윤춘식 선교사님께, "한국에 유환준 선교사
란 분이 있죠?"라고 묻자 윤 선교사님이 "네! 있습니다."라고 대답
했는데, 대만 선교사님이 이렇게 말했다고 한다. "내가 아르헨티나
로 올 때, 모든 책은 다 버리고 왔는데, 유환준 선교사가 쓰신 책만
들고 왔습니다." 나는 윤 선교사님의 말씀을 전해듣고 하나님께 감
사와 찬양을 드렸다. 졸작이 그렇게 유용하게 쓰였다니 마음으로
놀랐고 감사했다.

1990~2020 약 30년, 220차 중국 방문(제주도 6차 수련회 외) 선교를 통해 중국개혁교회R.P.C.C(Reformed Presbyterian Church of China) 교단이 조직되었다. 현재 8개의 노회가 총회를 이루어 하나님을 찬양하고 있다. 나는 중국에 살면서 선교한다고 하지 않았다. 중국으로 파송된 한국 선교사들이 나는 떠돌이고, 본인들이 진정한 중국 선교사로 자부했으나, 현재 그들은 중국정부에 의해 모두 쫓겨나서 한국으로, 대만으로, 혹은 타국으로 흩어졌다. 대부분 중국 선교사들이 이제 중국 입국자체를 거절당했다. 그러나 나는 계속 들어갈 수 있다. 지난 2019. 9. 2~5 일정에도 심양에서 즐겁게 목사장립, 노회조직 등 영광을 하나님께 돌렸다.

코로나 바이러스로 지금은 어렵지만 문이 열리면 나는 계속 갈 것이다. 가서 중국 개혁파 운동을 계속 할 것이다.

교회운동 할 때 현지인들을 통한 마귀 장난이 있었다.
신학운동 할 때 한국인들을 통한 마귀 장난이 있었다.
문서운동 할 때 선배들을 통한 마귀 장난이 있었다.

하나님께서는 문서운동을 축복하셨다. 그러나 한편에서는 무성한 음해도 있었다. 선임자께서 자신의 부동산 200평을 팔아서 그 값의 절반은 선교지에 사용하고 절반은 한국으로 보낸다는 말을 들었다. 그러나 L 선교사와 나는 선교지의 돈을 본국으로 보내지 못하게 하자고 했다. 그러나 선임자는 당시 총회장과 의논해서 절반을 한국으로 보내는 것을 총회가 이미 결의했다는 것이다. 우리 두 사

1995, 대만 대북 남항교회서 1990년부터 중국개혁파 신학원을 시작하고, 교수들과 학생들 합영, 이 장소는 약34평 정도의 남항교회다.

람은 "그러면 일부만 본국에 보내고, 나머지를 선교지에 쓰도록 총회장께 편지를 하자"고 하자, 이 이야기를 전해들은 총회장님이 L 선교사에게 호통을 치는 일이 벌어졌다. 총회가 통과시킨 것을 무효화시킬 수 없기 때문이란다. 결국 선임자분은 대만에 사용하려던 돈 중에서 180만원(약6만$)으로 L 선교사의 사택을 사 주셨다. L 선교사가 선교헌금 180만원으로 집을 샀다는 소식을 듣고 나는 그 집을 팔기 전에는 친구관계는 끝이라고 엄포를 놓기도 했다. 대만에서 집을 사면 우선 선금(Down-payment)을 지급하고 매월 분기금으로 지급하면 되는데 L 선교사의 집은 한 몫 일시급으로 산 것으로 낭비 중의 낭비라고 생각했던 것이다.

(1) 땅 200평에 공공시설 대신에 사택을 지었다. 공공시설이란 신학교, 학교, 병원, 교회당 등.

(2) 땅 200평을 헐 값으로 절에 팔았다. 땅 판 후에 자기 집 근처를 지날 때 쳐다보기도 싫었다고 한다. 판 후에 후회가 되어 중들에게 내가 보내야 할 모든 세금은 당신네들이 내라고 하자 중들은 즐겁게 받아들였다고 한다.

(3) 땅 200평 값은 선교지의 재산이니 선교지에 써라. 한국은 그 돈 없어도 살아갈 수 있었다. 그 돈 가지고 가서 마산 근처의 땅을 샀다가 당시 선교부 총무 곽삼찬 목사가 그 땅을 팔아 교단 본부 앞의 SFC사무실 건설에 보태 썼다.

(4) 땅 200평 판 돈으로 L 선교사의 집을 사준 것은 지혜로운 지출이 아니었다고 생각한다.

위의 네 가지는 어디에 공개한 적도 없고, 맘에만 지니고 있었다. (3)번의 일은 총회가 이미 결정했다면, 부분만 보내서 명색만 내고, 나머지를 L 선교사의 집 보다는 선교지의 다른 선교비로 쓰는 것이 좋았을 것이다.

나는 싸움을 당했지, 싸운 적은 없고 생각한다. 다행스럽게도 졌지 이긴 적도 없다고 생각한다.

되돌아보면 나는 졌지만, 하나님께서 합력하여 선으로 인도하신 듯 하다.

1971.7.19, "함께 모여" 외치시던 형님들, 김유생, 박
창환, 원종록…, 모두 기도의 동역자들이다.

　　박창환 목사님은 내가 부산을 떠나 서울로 올라갈 때 같은 열차
를 타고 서울까지 동행하며 밤을 세워 공항까지 손잡고 같이 가주
신 분이다. 내가 은퇴하여 서울에 잠시 머물 때, 속히 은목 교회로
오라며, 하부열 목사님과 함께 3,000만원짜리 작은 집을 살 수 있
도록 도우셨다. 물론 와서 다 갚아 드렸다. 내가 몰리고 고초 당함
을 알고, 끝까지 사랑해 주신 분이다. 고마우신 형님들이다. '주여,
저들을 기억해 주소서.'

　　(1) 대만 선교시 세사람이 회의를 하면서 내가 통곡한 적
　　이 있다.

(2) 세 사람의 대만 선교사회가 해산했다. 해산은 곽삼찬 총무의 공문으로 이뤄졌다. 그 공문을 받고 "제가 뭔데 대만 선교사회를 해산시키다니?" 라며 두 분은 울분했다. 그러나, 어느날 내가 본국 선교부에 갔을 때, 곽삼찬 총무에게 대만 선교회의 해산 공문의 원인에 대해 문의한 바 있다. 곽삼찬 총무의 해명에 의하면, 곽 총무는 그 나름대로의 대만 선교사회의 해산의 다른 원인이 있었던 것 같다. 예수님의 사랑 안에서 하나되고 연합해야 했는데 그러지 못했던 것에 대해 못내 아쉽다.

나는 지금까지 선교부로부터 세 번의 소환을 당했다. 죄인 취급을 받았다. 김영진 목사가 "나도 잘못한 것이 있다. 오십 보 오십

2004.6.24, 백두산에서 사진.

보라 생각된다."고 하자 곽삼찬 총무가 " 두 분이 이때까지 말한 것은 없었던 걸로 여깁니다."라고 했다. 어려운 상황들이었지만, 존경하는 오병세 교수님께서 도와주셨다. 김종문 총무님이 끝까지 도우셨다. 예수님이 살리셨다.

(3) 세 번 소환당했다.

잘못된 일에도 웃어주어야 화목이고, 그렇게 못하면 (비위를 안 맞춰주면) 불화인가? 세 번째 소환당하기 전에 총회장께서는 계속 자기 주장만 했었다고 한다. 이병길 목사가 국제전화를 드렸는데 꾸중만 하고 야단만 치더라는 것이다. 그러던 어느 날 이병길 목사가 등촌교회(파송 한 교회)에 참석했는데 총회장께서는 귀국한 선교사를 교회에 인사도 안 시켰다 고 한다. 급기야 예배 후에 이 목사의 가족이 총회장께 인사드려도 모른 척하자 가족이 울었다 고 한다.

세 번째 소환을 당했을 때는 총회 선교부원 20여 명이 참석했다. 자기들은 회의실에서 무슨 연구를 하는지 몰랐다. 나는 회의실 밖에서 너무 더디게 시간이 흐르고, 몸도 지쳐 나의 가방을 베게 해서 시멘트 바닥에 누웠다. 마치 죄인이 선고를 기다리듯, 노숙자처럼 누웠다. 그때 두 분(총회장과 김목사)은 잔정이 없었던 것 같다. 잔정이란 사람이 지니고 있어야 할 소소한 사랑이라고 생각한다. 그러나 그들은 내가 밖에서 죄인처럼, 노숙자같이 기다리고 있는데 나몰라라 했다. 아무리 죄인일지라도 물도 주고, 맘도 주고 했으면 좋았을텐데! 대선배의 말을 안 듣는다는 이유로 그리스도의 나라 (The Kingdom of Christ)가 (마태 6:10)가 없었던 듯 했다.

그리고, 내가 선배의 말을 안 들었다기 보다는, 한국에 가져갈 돈은 총회라는 큰 명의로 이미 시행되었고, 나는 다만 한국으로 가지고 가시면 조금만 가져 가시고 가능한 한 대만에 많이 써 주시오라는 선교적 건설적 의견을 전했을 뿐이다.

세 번째 소환되어 왔을 때 나를 죄인처럼 대우한 것은 과한 처사였지 않나 싶다. 내가 회의 장소에 들어갔을 때 총회장은 이렇게 말했다. "새까만(후배) 사람이 말이 많다. 당신이 보낸 편지는 일고의 여지도 없더라." 그러자 김종삼 목사(나의 동기)가 말했다. 선교사의 편지가 일고의 여지도 없더라는 말은 이해가 안 된다. 다른 분들은 모두 벙어리였다 그때 김 목사께서 말했다. "나도 잘못한 것이 있다. 오십 보 백보라고 생각된다." 그 때 곽삼찬 총무가 말했다. "두 분이 여태까지 말한 것은 없었던 걸로 합시다." 그러자 그곳에 있던 모두가 일어나 하나 하나 모두 나가 버렸다. 여기서 나는 이렇게 써본다.

김목사는 오십보 백보라 생각한다.
유목사는 그 동안 심려를 끼쳐 참 죄송했다.
곽목사는 지혜롭게 말했다.
이제 계파를 이루지 말자.

마귀는 우리를 하나 되지 못 하게 했다. 십자가를 옆에 놔두고, 육욕과 혈기로 불화했다. 대만을 더 사랑하다가 여러 사람들에게 걱정을 끼쳤다. 태평양의 큰 파도 같은 시험은 평생에 걸쳐 계속되더라는 것이다. 그러나 성령께서는 늘 나와 함께 하셨다.

> "사람이 감당할 시험밖에는 너희가 당한 것이 없나니 오직 하나님은 미쁘사 너희가 감당하지 못할 시험 당함을 허락하지 아니하시고 시험 당할 즈음에 또한 피할 길을 내사 너희도 능히 감당하게 하시느니라" (고전 10:13).

예수님께서 줄줄이 쉬지 않고 달려드는 마귀로부터 나를 구하셨다. 세 번이나 소환을 당하고, 아이들 앞에서 눈물을 숨기며, 큰 사고없이 은퇴하게 하신 하나님의 크신 은혜를 찬송한다. 예수님께서 살리셨다.

마귀의 끊임 없는 괴롭힘 속에서도 예수님께서 살리셨다.

chapter
24

—

사단에게서 살리셨다

☆

2001.11.20, 이 날은 은퇴자로 새로운 사역을 펼쳐나갈 새로운 시작의 날이었다. 일반적으로 은퇴는 모든 일을 마감하는 날이다. 그러나 나의 은퇴 예배는 은퇴자의 새로운 운동에 대한 서론이었다. 물론 아름다운 서론이었다. 은퇴 전에는 마귀들의 방해를 통해 일종의 단련의 시기를 거친 것이라 생각된다. 이제 마귀의 왕이 되는 사탄이 나를 기다리고 있었다.

은퇴자의 서론

2001.11.15, 총회선교부 부장 오성환 목사와 이헌철 총무 외 4명이 꽃다발 두 개를 준비하고 공항까지 와서 나를 마중해 주셨다. 이 마중이 은퇴자의 마지막이라면 너무 서운하다. 선교를 출발했던 그때 나를 부산역에서 송별해주신 어른들과 친구들은 대부분 먼저 천국에 갔기에, 이번에 마중해 주신 6명이 부득불 나올 수밖에 없었다. 그러나, 나는 이분들의 마중을 또 다른 서론으로 보았다. '은퇴자'는 이미 중국이란 새 밭을 정해 놓고 1990년부터 농사를 짓고 있었다.

2001.11.20. 선교부장 오성환 목사님이 5명의 선교부 직원들과 함께 공항에서 꽃다발로 나를 반겨 주셨다. 처음 선교를 출발할 때 부산역에 나오셨던 어른들은 천국에 가시고, 서글픈 은퇴날 이었다. 사진들은 숨겨버렸다. 중국에 5번 강의하신 오병세 교수님, 백두산까지 오셨던 분이다.

"여호와께서 우리를 위하여 큰일을 행하셨으니 우리는 기쁘다. 눈물을 흘리며 씨를 뿌리는 자는 기쁨으로 거두리로다. 울며 씨를 뿌리러 나가는 자는 반드시 기쁨으로 그 곡식의 단을 가지고 돌아 오리로다" (시 126:3,5,6).

　2001.11.20. 오후 2시는 부산 삼일교회에서 나의 은퇴감사예배 시간이었다. 이 행사는 부산지역 3개 노회(부산, 동부산, 서부산) 협의회가 주관했다. 참석한 사람들은 겨우 몇몇 친구들이었다. 은퇴는 또 다른 시작이라고 나는 믿는다. 나는 은퇴 후에도 사역을 하겠다고 재파송으로 요청했다. 그리고 금년 2020년 까지 (1990년 부터) 이미 중국을 220차 내왕했다. 220차 이외에 중국 개혁총회

남항교회 은퇴 감사예배 사진, 남항교회 성도들 중국 개혁종 교수들과 함께

소속 가정교회 지도자들을 제주도로 4차례 초청해서, 잔치하고 수련회와 신학훈련을 수행했다. 나의 장남 유신일 교수가 주동했다. 현재 R.P.C.C(Reformed Presbyterian Church of China), 즉 중국개혁장로교회라 칭하고, 총회가 조직되어 있으며, 이 총회 소속 지도자들의 신학교육을 돕기 위해, 다니엘(Daniel) 개혁 신학교가 운영되고 있다. 총회 산하 이미 약 10개의 중국인 노회가 활동하고 있으며, 적그리스도가 핍박하고 있으나 우리는 예수님의 말씀대로 "예수는 그리스도"를 즐겁게 외치며 복음을 전하고 있다.

> "나로 말미암아 너희를 욕하고 박해하고 거짓으로 너희를 거슬려 모든 악한 말을 할 때에는 너희에게 복이 있나니, 기뻐하고 즐거워하라. 하늘에서 너희의 상이 큼이라. 너희 전에 있던 선지자들도 이같이 박해 하였느니라" (마태 5:11-12).

은퇴 후 부흥

친애하는 친구들이여!

사탄이 가지말라 하는 은퇴장에 겨우 오셔서 감사해요.

나를 다시 보내주오.

아니 같이 갑시다.

은퇴할 시간 없다.

그렇게 싫은 것 그만두라.

나 거기에 있지 않으리.

사탄이 뚜드려도 나는 간다.

끝까지.

어느 날 영광의 예수님이 나를 마중해 주실 거다. 땅의 사람들은 나에게 금의환향 외치면서 마중 안해주어도, 예수님이 눈물로 씨 뿌린 자들은 마중해 주시리라. 거기에 가서야 은퇴 할 것이다. 영원히!

> "지금 이후로 주안에서 죽는 자들은 복이 있도다 하시매 성
> 령이 이르시되 그리하다. 그들이 수고를 마치고 쉬리니 이는
> 저희의 행한 일이 따름이라 하시더라" (계 14:13).

은퇴를 서론으로 책에 쓴다. 저 적그리스도가 무신론으로 세계를 점령하겠다는 야심을 언제부터인가 선전을 하고 있다. 이 사람들에게 복음을 전하는 것은 얼마나 중요하고 위대한지 모른다.

내가 중국에 가는 것은 복음 전하기 위함이고, 은퇴를 기점으로 기어코 가야 할 이유가 내게는 있다.

중국 다니엘 개혁신학교(但以理改革宗神學院)

1990년부터 2022년까지 30여년간 중국, 한국, 미국에서 중국인들을 대상으로 새로운 성경신학을 교육해 왔다. 중국 정부에 등록하고 있는 삼자교회가, 아닌 가정교회 지도자들을 대상으로 훈련을 진행했다. 그렇게 시작된 강의는 중국내에 개혁파 장로회(R.P.C.C) 교회라는 총회가 조직될 만큼 부흥했다. 그 가정교회 지도자들을 대상으로 2022년까지 총 226 차례의 집중 강의를 하며, 자연스럽게 중국 다니엘 개혁신학교가 시작되었고, 성장해 왔다. 듣는 자마다 눈을 번쩍하고, 귀를 번쩍했다. 보안 문제로 한 곳에서 고정적으로 교육을 할 수 없었으며, 북경, 심양, 온주, 산동 등 중국 각 지역을 순회하며, 어떤 때는 제주도에서, 거제도에서, 서울에서, 최근에는 미국에서 진행을 하기도 했었다.

다니엘 개혁 신학교를 통해 훈련받은 다수 가정교회 지도자들은 대학 교육을 받지 못했다. 그러나, 그들은 배울려는 열정과 복음에 대한 사모하는 마음이 있었다. 그들 중에 어떤 이들은 성령님의 능력을 받은 베드로와 같이 2천명-3천명의 신자들을 돌보는 훌륭한 목회자들도 있었다. 뿐만 아니라, 바울과 같은 중국 교회 지도자 양육이라는 슬로건으로 중국내 북경대, 인민대 등 기독 교수들과 의사, 변호사 등 기독 전문인들을 대상으로 신앙과 신학훈련을 진행하기도 했었다. 이 다니엘 개혁 신학교를 위해 밀양 김종문 목사님이 일찍부터 물심 양문으로 동역해 주시며, 수고를 많이 해 주셨다.

이 다니엘 개혁신학교의 교육은 1990년 이후 매년 계속해 왔고, 2019년 8월의 훈련은 거제도 고현 교회(담임목사: 박정곤), 2020년 코로나로 중단했으나, 2021년 미국 LA 아름다운교회(담임목사: 고승희) , 2022년 미국 워싱턴 한인중앙장로교회(담임목사: 류응렬)에서 개최되었다.

나를 이어서, 장남인 유바울 교수가 다니엘 개혁신학교를 관리하다가, 2018년 부터 이환봉 교수님이 상임원장으로 수고를 하고 계신다. 현재 다니엘 개혁신학교는 김윤하 목사님이 이사장이신 북방 사역포럼의 주요 선교 프로젝트로서 운영되고 있다. 북방 사역 포럼은 김윤하 이사장님이외에 사상교회 박흥석 원로 목사님, 수원중앙침례교회 고명진 목사님, 문용자 회장님, 유례 총간사님, 이사님으로서, 김성태 총신대 교수, 이근우 연세대 교수, 현종익 제주대 교수, 송재기 경북대 교수, 심영애 권사 등 여러 분들이 수고를 하고 계신다.

아쉽지만, 보안 문제로 중국 다니엘 개혁 신학교에 대해 더 자세하게 기술할 수는 없다. 이 다니엘 개혁신학교의 중국 교육 선교를 통하여, 베드로와 같은, 바울과 같은 중국 교회 지도자들이 계속 양육되고, 배출되기를 기도해 본다. 이를 위해 대만의 개혁신학교와, 우리 고신 신대원이 다니엘 개혁신학교와 협력해 주길 기대해 본다.

2008.6.6, 고신대 외국인(중국인) 제1회 하기방학.
은퇴 후에도 계속 선교 장미같이 피어난다.

첫째: 예수는 기독이다.(행5:42).

둘째: 허심자 중생자다.(마5:3).

셋째: 교회는 천국이다.(마4:23).

1990년부터 2020년까지 이 30년간 중국에서 새로운 성경신학을 강의했다. 우리는 가정교회다. 그 중에서도 우리는 개혁파 장로회 (R.P.C.C) 교회로 특수하다. 듣는 자마다 눈을 번쩍하고, 귀를 번쩍했다.

나를 보내소서(사 6:8) / Shelaheni(원문음) / 세라헤니(히브리어)

가라(사 6:9) / leka(원문음) / 레카(히브리어)

중국과 같은 무신론 세상에 가서 무슨 복음을 전할까 기도하며 고민하다가, 내가 전한 복음은 그들에게 크게 도움 되는 삼대복음 (三大福音)이 되었다.

삼대복음 전하기 위하여 주의 종들을 세웠다.
2003.11.25~27. 몇 사람 세웠다.
오른쪽 부터: 은퇴 후의 큰 일들.
1.김북경, 2.진정홍, 3.김영동, 4.오병세, 5.강규찬, 6.옥치협, 7.다니엘, 8.김종문, 9.황병순.

(1) 예수는 기독이다 (Jesus Christ).

예수는 십자가를 지셨다. 즉 우리의 죄를 통째로 담당하신 예수 는 아담부터 예수님 재림때까지 우리의 모든 죄를 지셨으며 구속 하셨다. 이 죄 문제 속죄권은 예수 외(外) 아무도 속죄권이 없다.

"염소와 송아지의 피로 하지 아니하고 오직 자기의 피로 영원
한 속죄를 이루사 단번에 성소에 들어가셨느니라" (히 9:12).

이 말씀 중 "염소와 송아지"는 세상의 모든 속죄수단은 무익하
다는 뜻이다. 또한 무신론자들은 속죄문제를 모른다. 죽으면 그만
이다. 그런데 사후 문제를 어느 정도 느끼는 본능이 있다.

"창세로부터 그의 보이지 아니하는 것들, 곧 그의 영원하신
능력과 신성이 그가 만드신 만물에 분명히 보여 알려졌나니
그러므로 그 들이 핑계하지 못할 지니라" (롬 1:20).

성경은 이렇게 말씀한다.

"한 번 죽는 것은 사람에게 정해진 것이요 그 후에는 심판이
있으리니" (롬 9:27).

무신론자들은 영혼의 존재를 믿지 않는다. 영혼은 자기 것이 아
니고 하나님이 주신 선물인데 그들은 영혼이 있으면서 스스로 무
신하다고 믿는다. 영혼 가진 자라면 당연히 영혼의 주인 하나님
을 인식해야 하는데 그들은 그 인식을 못한다. 사람의 영혼은 영물
(sprit)이지만(마 5:3), 인간이 아담의 범죄로 죄인이 된 후에는 영
혼의 존재를 인식하지 못하게 된 것이다. 대안은 예수님의 속죄를
받는 길 뿐이다. 이것이 유일한 생명의 길이다. 즉 예수님의 십자가
를 잡는 방법 외에는 없다.

(2) 그리스도는 부활하셨다.

여기서 그리스도란 이름이 어떻게 전해왔나?

그리스도 : 중국어에서 기독(基督)이란?

기독 : 영어 Christ, 크라이스트 에서.

Christ : 헬라어 $X\rho\iota\sigma\tau\acute{o}\varsigma$, 크리스토스에서 $X\rho\iota\sigma\tau\acute{o}\varsigma$

$X\rho\iota\sigma\tau\acute{o}\varsigma$: 히브리어 משיח, 마시악에서

משיח : 히브리어 משיח, 마시악, 기름부음에서 기름부음 받으신

그리스도 만 왕의 왕이시다. 부활하신 분은 그리스도요,

만왕의 왕이시다. 예수는 속죄주요,

기독은 왕중의 왕이시다.

① 선지자이시다.

기름 받으신 그리스도는 선지자 되신다. 무신론자 중에는 이러한 선지자가 없다. 거짓 선지자는 많다. 그들은 개구리같이 더러우며. '그들의 입'은 세 개다. (계 16:13)

용의 입: 사단의 입이다.

짐승의 입: 적그리스도의 입이다.

거짓 선지자의 입: 짐승의 아부자의 입이다.

거짓 선지자는 짐승을 위하여 우상을 만들어 숭배하면서 아부하면 밥은 먹을 수 있다. 그리스도는 우상 자체를 파괴하신다. 모세는 우상을 만들어 아부하는 형이 만든 우상을

"부수어 가루를 만들어 물에 뿌려 이스라엘 자손에게 마시게 하니라" (출 32:20).

기름 받은 그리스도는 우상을 반대하신다. 그리스도는 하나님이 보내신 선지자다. 신약 성경에서 그리스도는 어떠한 선지자인가?

　　1) 말씀을 받은 자이시다.

"하나님이 보내신 이는 하나님의 말씀을 하나니" (요 3:34).
성경말씀은 다 이 선지자가 받은 말씀이다 (요 8:28).

　　2) 전지전능하시다.

예수님께서 "네 남편을 불러 오라"(요 4:16).
"나는 남편이 없나이다" (요 4:17).
"너에게 남편 다섯이 있었고, 지금 있는 자도 네 남편이 아니니" (요4:18).
"주여 내가 보니 선지자로소이다" (요4:19).

　　사마리아 여인이 예수님께 자기의 죄를 고백했다. 그 동안 아무 사람도 모르게 주로 밤에 죄를 지었는데 예수님이 그 지방 사람도 아니면서 어떻게 그런 고백을 할 수 있었겠는가? 거짓말로 살아가는 이 땅에서 죄를 토해내고 회개하는 아름다운 한순간 되어라. "선지자로소이다" Amen! 예수는 기독이시다.

② 제사장이시다.

예수님의 삼대 직분 중, 제사장은 두 번째 직분이다. 그분은 거
룩하신 제사장이시다.

"우리에게 큰 대제사장이 계시니 승천하신 이 곧 하나님의 아
들 예수시라. 우리가 믿는 도리를 굳게 잡을지어다" (히 4:14).

예수	Jesus
하나님의 아들	the Son of God
승천하신	into the heavens
큰 대제사장	great high priest
대제사장	high priest
제사장	priest

성경은 예수님께서 제일 높으신 제사장, 제일 거룩하신 제사장
이심을 증명한다. 이 분이 우리 죄를 담당하시면 우리 죄는 다시 우
리를 삼키지 못한다.

"형제들아 우리가 예수의 피를 힘입어 성소에 들어갈 담력을
얻었나니" (히 10:19)

제사장 되신 예수님은 결국 자기의 피로 죄인들을 속죄하셨다. 그리고 천국으로 가셨다. 하나님 우편에 계신다. 그분이 바로 그리스도 이시다. 그의 부활이 없으면 그분은 그리스도가 아니시다. 예수님은 영원히 제사장 되시며 (히 6:20, 7:17, 7:21), 영원히 그리스도 되신다.

③ 왕이시다.

예수님의 삼대 직분 중 왕은 세 번째 직분이다. 예수님의 왕 직은 온 우주에 빛난다.

1) 영원하신 왕이시다.

렘 23:5, 33:15의 "의로운 가지"는 "왕이 되어" 예수님의 왕 되심을 예언했다. 구약의 아브라함, 모세, 아론, 다윗은 모두 상징적으로 예수님의 왕 되심을 표시했다. 특히 "기름부음" 받으신 마시아(히브리어), 메시아(아람어)는 예수님의 이름이다. 뜻은 예수님이 왕이란 뜻이다.

2) 무죄하신 왕이시다.

"그에게 잉태한 자는 성령으로 된 것이라" (마 1:20). 예수님의 동정녀의 몸에서 나셨다.

3) 전능하신 왕이시다.

"예수께서 첫 표적(이적)" (요 2:11)은 물로 포도주 만드신 것이다. 이 첫 이적 이외 큰 이적만 33개를 행하셨다.

4) 말씀하신 왕이시다.

"이 사람의 이 지혜와 이런 능력이 어디서 났느냐" (마 13:54).
예수님은 말씀으로 천지만물을 만드셨다 (요 1:3).

5) 속죄하신 왕이시다.

"그리스도안에서 우리를 택하사 거룩하고 흠이 없게 하시려고"
(엡 1:4) 십자가의 고난을 받으셨다. 이 세상의 왕들은 남을 죽여서
자기들 유익을 구하려고 힘쓰다가 결국 총 맞고 칼 맞아 멸망한다.
예수님은 자기를 죽이셔서, 우리 죄를 속죄하시고, 구원하신다. 유독
히 지기기 택하신 자들만 속죄하신다. "우리를 택하사" 구속하신다.

6) 부활하신 왕이시다.

예수님의 부활은 당신의 영원하신 영광이다. 부활하신 예수님
은 "그 형상(the appearance)이 번개 같고 그 옷은 눈 같이 희" (마
28:2)게 나타나셨다. 기독교의 그리스도(Christ) 자체다. 세상의 왕
들은 무덤을 크게 만든다. 소위 피라미드같이, 혹은 반석을 파서 진
시황 깊은 거대한 무덤을 만든다. 그러나 예수님은 부활하셨기에
조그만 무덤도 필요가 없다.

7) 성령을 파송하신 왕이시다.

예수님은 성령님을 파송하신 왕이시다. "보혜사 곧 아버지께서
내 이름으로 보내신 성령" (요 14:26)은 예수님이 보내셨다. 지금
세상에서 이 예수님께서 성령으로 죄인들을 구원하신다. 특히 복
음으로 중생시켜 구원하신다.

8) 승천하신 왕이시다.

"그들이 보는데 올려져 가시니" (행 1:9), 즉 올라가신 자는 왕이시고, 못 올라가는 자는 진정한 왕이 아니다.

예수님이 올라가심은:

부활하신 자요 (시 47:5, 행 2:36).

천국에서 오신 자요 (엡 4:9,10).

다시 오실자요 (행 1:11).

9) 심판하시는 왕이시다.

부활하신 예수님께서 사탄을 발등상으로 삼으신다는 말씀은 예수님이 사탄을 완전히 제패시키신다는 뜻이다(눅 20:43, 계 19:20).

10) 승리하신 왕이시다.

예수님께서 천사를 시켜 "용을 잡으니 곧 옛 뱀이요 마귀요 사탄이라 잡아서 천년 동안 결박하여 무저갱에 던져 넣어 잠그고 그 위에 인봉하여 천년이 차도록 다시는 만국을 미혹하지 못하게 하였는" 왕이시다. 이 말씀 중 "천년"은 신약시대요, 사탄을 "결박" 한 것은 완전히 정복한다는 뜻이다.

11) 영원하신 왕이시다.

세상 왕들은 몇 일 하다 그만 끝낸다. 독재는 할수록 사람들은 싫어한다. 그래서 총을 맞기도 한다. 예수님은 세상 왕들과 달리, 자기 백성들의 눈물을 닦아 주시는 영원하신 왕이시다(계 21:3-4).

"만 왕의 왕이요 만주의 주"

KING OF KINGS, LORD OF LORDS.

(계 19:16)

12) 영광의 왕이시다.

예수님이 영광으로 영광을 받으시는 곳이 우리의 소망인 천국이다. "그 성은 해나 달의 비침이 쓸 데 없으니 이는 하나님의 영광이 비치고 어린 양이 그 등불이 되심이라" (계 21:23).

예수는 그리스도시다. Jesus Christ!

예언하신 왕이시다(렘12:5).

무죄하신 왕이시다(마 1:20).

전능하신 왕이시다(요 2:11).

말씀하신 왕이시다(마13:54).

속죄하신 왕이시다(엡 1: 4).

부활하신 왕이시다(마28: 3).

성령하신 왕이시다(요14:26).

승천하신 왕이시다(행 1: 9).

심판하신 왕이시다(눅20:43).

승리하신 왕이시다(계20: 3).

영원하신 왕이시다(계19:16).

영광하신 왕이시다(계21:23).

이러하신 왕은 결국 기독이시다. 부활하신 예수님은 영광의 기독, 찬양! 영원히 찬양하라!

(2) 허심자는 중생자다.

"허심자"는 심령이 가난한 자"(마 5:3)의 중국어(虛心的人) 표시다. 여기서 한글의 말이 길어 중국어를 사용한다. 필자는 "예수님의 팔복"이란 책을 냈다. 이 책에서 "심령이 가난한 자"는 중생자라고 서술했다. "중생"의 원문:

겐네데 아노덴 $\gamma \varepsilon \nu \nu \eta \theta \hat{\eta} \; \mathring{\alpha} \nu \omega \theta \varepsilon \nu$,

is born from above은 "위에서 난" 이란 뜻이다.

즉 '거듭나다' 이다. 이 말의 뜻은 당시의 국회위원 니고데모도 이해 못해 "사람이 늙으면 어떻게 날 수 있사옵나이까. 두 번째 모태에 들어갔다가 날 수 있사옵나이까?"(요 3:4)라며 엉뚱한 질문을 했다. 성경이 중생에 대한 말하는 여러 가지 표현을 보면서서른 가지가 넘는다.

① **중생에 대한 별칭**
    1) 거듭나다 (요 3:3).
    2) 성령으로 나다 (요3:5,6).
    3) 하나님께로서 난 자 (요일 5:1).
    4) 새로운 피조물, 새 것 (고후 5:17).

5) 성령의 법이 해방시킴 (롬 8:2).

6) 그리스도와 함께 살리셨다 (엡 2:5,6, 골 3:1).

7) 거룩함으로 지으심을 받음 (엡 4:24).

8) 성령과 불로 세례 주심 (마 3:11).

9) 죽은 자들을 일으켜 살리심 (요 5:21).

10) 사망에서 생명으로 옮기심 (요 5:24).

11) 듣는 자는 살아나리라 (요 5:25).

12) 첫째 부활 (계 20:5).

13) 우리를 낳으셨다 (약 1:18).

14) 심령이 가난한 자 (마 5:3).

15) 중생(명사) (딛 3:5).

16) 예복 (마 22:11).

17) 속 사람 (엡 3:16).

18) 성령으로 인치심 (엡 1:13).

19) 여호와의 교훈 받음 (사 54:13).

20) 씻음 (고전 6:11).

21) 그리스도께서 사시는 것 (갈 2:20).

22) 영혼이 살리라 (사 55:3).

23) 영혼을 소생시키시고 (시 23:3).

24) 여호와께 연합한 (사 56:3).

25) 심령이 새롭게 되어 (엡 4:23).

26) 부드러운 마음 (겔 11:19).

27) 새 영을 너희 속에 (겔 36:26).

28) 법을… 마음에 기록 (렘 31:33).

29) 거기서 났다 (시 87:4).

30) 한 마음 (렘 32:39).

이상이 성경에 표현된 중생에 대한 별칭이다. 이러한 별칭이 중생의 중요함을 충분히 나타낸다.

② 허심자는 중생자라.

여기에 중요한 회개와 중생을 비교해 본다.

> 회개하라 천국이 가까이 왔느니라 (마 3:2).
>
> 회개하라 천국이 가까이 왔느니라 (마 4:17).
>
> 심령이 가난한 자는… 천국이 그들의 것임이요 (마 5:3).
>
> 너희 가난한 자는… 하나님의 나라가 너희 것임이요 (누 6:20).
>
> 회개하라 천국이 가까이…
>
> 가난한자 천국이 그들의 것임이요.

여기서 회개와 가난한 자는 다르다. 어떤 분은 가난한 자도 회개한 자라고 말한다.

회개하라 천국이 가까이 왔다.

중생자는 천국이 있으며, 천국이 왔다고 했으며, 너희 것임이라고 했다. 조직 신학에서는 중생이 먼저요, 회개는 다음이라고 정의

한다. 회개는 중생의 결과다. 먼저 생(生)이고, 다음 회개이다. 중생이 얼마나 중요한지, 그 별칭을 보면 알 수 있다. 그리고 중생이 얼마나 중요한지는 요17:22를 보면 알 수 있다. 대제사장이신 예수님은 성부 하나님께 이렇게 기도하셨다.

"내게 주신 영광을 내가 그들에게 주었사오니 이는 우리가 하나가 된 것 같이 그들도 하나가 되게 하려 함이니이다."(요17:22)

하나님께서 영광을 성자에게 주셨다.
예수님께서 영광을 성도에게 주셨다.
성도여 예수님의 영광을 언제 받았는가?

우리가 받은 영광은 영광의 중생이다.
영광의 중생은 예수님이 주신 거룩이다(엡 4:24).
영광의 중생은 예수님이 주신 예복이다(마 22:12).
영광의 중생은 예수님이 주신 칭의이다(롬 3:24).
영광의 중생은 예수님이 주신 세마포다(계 19:8).
영광의 중생은 예수님이 주신 이름이다(계 22:4).

예수님의 영광은 성령으로 우리에게 조명하신 중생과 칭의이다.

"예수는 우리가 범죄한 것 때문에 내줌이 되고, 또한 우리를 의롭다 하시기 위하여 살아나셨느니라" (롬 4:25).

죽음과 부활

속죄와 영생

중생과 칭의

영광과 영광

영광의 중생과 영광의 칭의

Holy Regeneration, Holy Righteousness,

Glorious Regeneration, Glorious Righteousness.

예수님이 우리에게 주신 것은 영광의 중생과 영광의 칭의이다. 교회가 예수님의 영광의 중생과 영광의 칭의를 받으면, 교회는 천국이다. 여기서 교회가 받은 영광은 천국색채다. 교회가 천국이어야하지만, 오늘날 한국 교회가 천국인가? 목사, 장로, 우리가, 내가 회개해야 할 것이다.

중요한 것은 성도가 이 세상을 떠날 때도 은혜로 주어진 이 영광의 중생, 영광의 칭의로 천국에 가게 된다. 별다른 수속이 필요 없다. 예수님께서 주신 영광 그대로 천국으로 직행하게 된다. 예수를 믿으면 이렇게 좋다. 사탄이 몰려들어도 예수님은 우리를 살리신다.

(3) 교회는 천국이다.

나는 중국에서 말씀을 전할 때도 "교회는 천국이다"란 말씀을 전할 때면 얼굴에 희열이 넘쳤다. 그 이유는 중국이 천국을 동경(憧憬, aspiration)하기 때문이다. 중국의 현 정국을 보면 특히 부동산 정책이 매우 특이하다. 그들에게 토지는 절대적으로 국유지다. 백성들은 토지를 임대해서 사용해야 한다. 주로 70년 정도를 빌려 쓰다가 세상을 떠날 때는 국가에 귀속시킨다. 인정 없는, 사랑없는 이 세상, 하염없이 앉았다가 미련없이 떠나는 인생, 도대체 어디로 가나? 광야에서 신기루를 찾다가 주저앉는 인생이라는 사실이 여지없이 드러나는 부분이다. 반면 교회는 영원한 천국이다. 나는 문필자도 아니고 예술가도 아니지만 내가 "교회는 천국이다"란 작은 책을 출간한 적이 있다.

> 나의 선교 삼대 제목:
> 예수는 그리스도이다.
> 허심자는 중생자다.
> 교회는 천국이다.

여기 한국은 책도 많고 말도 많다. 중국도 지금은 책이 많다. 그러나 이러한 삼대 제목의 책은 많지 못하다. 특히 둘째, 셋째 제목의 책은 거의 없다. 중국에서 "교회는 천국이다"를 강의할 때 나는 그 제목 자체로 하나님의 은혜를 흡족히 받았다. 어떤 때는 눈물로 강의했다. 강의한 나도, 강의를 들은 사람들도 눈물로 하나님께 감사를드렸다. 가정교회일 때 우리는 눈물로 찬양하였다.

특별히 기뻤던 것은 우리가 개혁파 장로교회 (R.P.C.C.) 즉, 〈Reformed Presbyterian Church of China, 中國 改革宗 長老會 敎會, 중국 개혁종 장로회 교회〉라 불려지게 된 것이다.

이 교회가 중국에서 아니 세계적으로 역사가 있는 정통 보수파 교회이기 때문이다. 천주교가 약 1,000년 동안 유럽에서 교회를 타락시켰다. 하나님께서는 존 칼빈(John Calvin, 1509~64)을 통해 종교개혁을 단행하셨다. 제네바를 기점으로 네덜란드, 독일, 영국, 프랑스, 미국 온 세계에 종교개혁이 단행되었다.

물론 마틴 루터(Martin Luther, 1483~1546)가 칼빈보다 먼저 종교개혁을 진행했으나 우리는 칼빈을 더 비중있게 생각한다. 그 이유는 루터는 철저한 개혁을 하지 못했다. 여기서 "철저한 개혁" 이란 하나님의 말씀(성경)을 어떻게 하나님의 뜻대로 성경을 풀이 하는가 하는 문제였다. 칼빈의 주석은 전 세계의 성경주석 중 제일 보수적 주석이다. 성경은 진리이다. 하나님의 말씀이다. 성경은 정확무오하고, 축자영감된 성경이라 주장한다. 여기서 칼빈의 학생 들을 살펴보자.

삼대 칼빈주의자:
아브라함 카이퍼:
벤자민 와필드:
헬만 바빙크:

그 외의 칼빈주의자
루이스 벨코프:
겔할더스 보스: Geerhardus Vos.

특히 보스(G. Vos, 1862-1949, 향년 87세)는 내가 18세 때 작 고 하신 분으로 젊은 성경신학자다. 필자가 "교회는 천국이다"를 출판할 때 이분의 『성경신학』에서 마16:18,19의 내용을 보고 힘을 얻었다. 이분은 마16:19의 "천국"은 16:18의 "교회"와 동일체라는 문제를 강조했다. 그러나 그 분은 "교회는 천국이다"라는 말은 하지 않았다.

① 교회는 예수님이 통치하시니 천국이다.

교회는 예수님의 소유다. 십자가가 증거 한다. 우리나라는 교회마다 십자가(十字架)를 세웠다. 그뜻은 "교회는 예수님의 십자가, 즉 피로 세운 것이다(눅 22:20, 요 19:34, 행 20:28, 엡 1:7등)"라는 것이다.

> "촛대 사이에 인자 같은 이가 발에 끌리는 옷을 입고 가슴에 금띠를 띠고, 그의 머리와 털의 희기가 흰 양털 같고 눈 같으며 그의 눈은 불꽃같고, 그의 발은 풀무불에 단련한 빛난 주석 같고 그의 음성은 많은 물 소리와 같으며, 그의 오른손에 일곱 별이 있고 그의 입에서 좌우에 날 선 검이 나오고 그 얼굴은 해가 힘있게 비치는 것 같더라" (계 1:13~16).

예수님은 그의 피로 그의 교회를 세우시고 촛대 사이 즉 교회사이에서 활동하고 계신다. 교회는 목사나 장로가 주관하는 것 같으나 실상은 그렇게 되는 것이 아니다. 목사는 종일 뿐이다. 예수님이 주재, 영광 충만하신 주재, 살아 계시는 왕, 만 왕의 왕 예수님이 교회 주인이시다. 예수님의 왕권이 천상천하 충만하시다. 이 영광스러운 교회가 천국이다. 목사가 종이 아닌, 주인이 되고, 천국이 되지 못하는 한국 교회가 회개해야 할 것이다.

② 교회는 천국의 색채가 충만하다.

『교회는 천국이다』의 표지를 보라. 구약시대의 금으로 단장한 회막의 그림이다. 이 회막의 구조와 내부의 색채는 천국의 그것이다. 그 사막은 세상이요, 찬란한 회막은 천국 색채다. 특히 회막의 지성소는 정확하게 작은 천국이다. 사막 같은 세상에서 교회는 천국 색체로 충만하다.

지성소: 정사각형+법궤+그룹+광채+하나님.
성 소: 떡 상+칠지금잔+향로.

1) 하나님이 계시니 천국이다.

"하나님이 우리와 함께 계시니라"(마 1:23).

이 말씀의 히브리어는 "임마누엘"이라 한다.

2) 성령님이 계시니 천국이다.

성령님이 교회에 말씀하신다(계 2:7, 17, 29 등).

"성령이 오실 때에" (요 15:26).

"성령이 오시면" (요 16:13).

"다른 보혜사를 너희에게 주사 영원토록

너희와 함께 있게 하리니" (요 16:16).

　여기 말씀은 "성령이 오시면…, 영원토록 너희와 함께 있게 하리니" 하신다. 성령님이 계시면 교회는 천국이다.

　3) 교회는 안식일이 있으니 천국이다.

"안식일"의 역사는 천지창조의 역사와 같다(창 2:3). 하나님 여호와께서 6일만에 천지창조를 완료하셨다. 그러므로 피곤하셔서 안식하신 것이 아니다. 하나님께서는 피곤하심이 없으신 분이다. 천지만물 창조하심이 "보시니 보시기에 심히 좋았더라" (창1:31). 하나님의 안식은 좋아하셨다는 뜻이다. 교회는 안식일에 예배하는 일을 하고, "아무 일도 하지 말 것 이니라" (민 28:25, 26, 29:1)."일곱째 날에…일하지 말찌니라" (신 16:8). 예배를 방해하지 말라는 목적에서 노동을 하지 말라고 권고한다. 만일 노동하면 그 사람은 죽임을 당한다(출 31:12, 13, 14, 15, 16).

안식일은 하나님 여호와의 안식일인 즉 (출 20:10).

안식일은 여호와께 거룩한 날이라 (출 31:15).

안식일은 너희를 거룩하게 하는 것 (출 31:13).

안식일은 너희를 쉬라 한다 (출 23:12).

안식일은 하나님이 복되게 하신 날 (창 2:3).

안식일은 하나님의 교회인 증거 (출 31:13).

안식일은 예수님의 영원한 안식의 상징 (눅 6:5).

만일 안식일이 없으면 이 세상은 지옥이 된다. 안식일이 있으니 교회는 천국인 것이다.

4) 교회는 제사장이 있으니 천국이다.

여기서 "제사장"은 대제사장 예수님을 말한다. 우리의 대제사장은 천국에 계신다. 이 대제사장은 지상에 계실 때 긴 기도를 하셨는데, 이것은 요17:1~26에 기록되어 있다. 이 거룩한 기도문을 어떻게 잘 주석할까? 나는 이 기도문의 내용(요 17:22)을 근자에 새롭게 깨달았다. 예수님의 성령으로 깨닫고 특히 중국에서 이 진리를 전파했다. 천국의, 대제사장의 영광의 중생과 영광의 칭의를 지상에서 경험하면서 예수님께 찬양하고 영광을 돌린다.

관주 톰슨 성경 신약 177쪽에,

그리스도가 신자들을 위한 기도 7번:

  1번: 악에서 구원되도록 (17:11,15).
  2번: 신자들의 연합을 위하여(17:11, 21~23).
  3번: 주의 기쁨이 신자 안에 성취(17:13).
  4번: 신자들이 성화되도록(17:17~19).
  5번: 하나님의 사랑을 세상 사람들이 알도록(17:23).
  6번: 주님과 연합이 되도록(17:24).
  7번: 주의 영광을 볼 수 있도록(17:24).

광야에서 시달리는 교회가 대제사장의 뜨거운 기도를 받으면서 살아가는 것, 즉 천국이다.

  5) 교회는 예배가 있으니 천국이다. (요 4:23,24)

교회는 하나님을 예배한다. 왜 하나님을 예배하나??

  하나님은 천지만물을 무(無)에서 만드셨다 (창 1:1)
  하나님은 남자 여자를 자기 형상대로 만드셨다. (창 1:27)
  하나님은 남자 여자를 복 주셨다. (창 1:28)
  하나님은 남자 여자에게 먹을 것 주셨다. (창 1:29)
  하나님은 짐승들에게도 먹을 것 주셨다.(창 1:30)

교회가 예수님을 예배한다. 왜 예수님을 예배하나?

예수님은 하나님의 아들이시다. (마 16:16)
예수님은 십자가를 지신 속죄주시다. (마 1:21)
예수님은 사흘만에 부활하셨다. (눅 1:6)
예수님은 40일 만에 승천하셨다. (행 1:3,11)
예수님은 하나님 우편에 앉으셨다. (롬 8:34)
예수님의 보좌 앞에 엎드리는 것 천국이다.

교회는 성령님을 예배한다. 왜 성령님을 예배하나?

성령님은 성부님과 성자님의 영이시다. (롬 8:9)
성령님은 천지만물과 우리의 창조주이시다. (욥 33:4)
성령님은 오순절에 강림하셨다. (행 2:33)
성령님은 영원히 함께하시는 보혜사시다. (요 14:16)
성부, 성자, 성령님께 예배하는 교회는 천국이다.

6) 교회에는 찬송이 있으니 천국이다.
교회는 찬송으로 하나님을 찬양한다. 성경에는 구약 때부터 하나님을 찬양하는 찬송이 계속되고 있다. 신약성경 엡5:19, "시와 찬송과 신령한 노래들로", 골3:16, "시와 찬송과 신령한 노래"로 하나님을 찬양하라 한다. 우선 위의 세 가지 노래가 여러 노래로 전해졌다. 칼빈(Calvin)의 종교개혁 이후로 개혁파 교회들은 예배시에 주로 "시" 즉 시편 찬송가를 사용했다. 주로 서방의 교회들이 시편 찬송가를 예배용으로 사용했다. 그리고 다른 노래들은 사용하지 못하게 했다. 시편은 성령으로 기록된 성경 노래라는 것이 이유다. 근자에 와서 중국 개혁파 교회는 시편 찬송가를 사용한다. 그러나 한국 교회는 시편 찬송가를 부르지 않고 신령한 노래들을 사용한다. 그 주요한 이유는 시편 찬송가가 "여호와"를 사용하고 "예수"님을 사용하지 않기 때문이다. "여호와"는 두렵고 "예수"는 친근하다. 교회가 찬송으로 하나님을 찬양하니 교회는 천국이다. 사막 같은 세상에서 복음을 듣고 죄인이 회개하고 예수를 믿어 지옥 갈 사람이 영생을 얻어 천국 가니, 거룩한 노래로 찬송하고 찬양하는 교회가 곧 천국인 것이다.

7) 교회는 거룩이 있으니 천국이다.

예수님은 산상보훈에서 팔복을 강론하셨다. 그 첫 말씀이 중생의 문제였다. 팔복을 다 조사해도 거룩에 관한 말씀은 안 보인다. 그러나 중생을 통한 거룩을 말씀하신다. "심령이 가난한 자는 복이 있나니 천국이 그들의 것임이요" (마 5:3) 말씀하셨다. "심령이 가난한 자"를 중생자로 해석하기를 여러 번 되풀이했다. "중생의 씻음과 성령의 새롭게 하심으로 하셨나니" (딛 3:5), 즉 중생이 없으면 거룩이란 말은 성립할 수 없다. 공자도들이 자주 말하기를 "나는 당신(기독교인)네들 보다 거룩하다"는 말은 근거 없는 말이다.

성경대로 공자도 죄인이요, 공자가 다른 사람에게 거룩을 줄 수 없다. 우리는 성령의 중생으로 성령의 새롭게 하심을 받았다. 그러므로 우리는 "그리스도 안에 있으면 새로운 피조물이라 이전 것은 지나갔으니 보라 새것이 되었도다" (고후 5:17). 교회는 이렇게 새 사람들이 하나가 되어 거룩한 한 몸이 되었다. 하나가 된 것 이것이 이적이다 (요 17:22,23,24). 우리는 우리 사도신경과 같이:

거룩한 공회(the Holy Catholic Church)이다. 예수님이 다시 오시면 천상천하 모든 교회를 하나로 통일하신다.

"하늘에 있는 것이나 땅에 있는 것이 다 그리스도 안에서 통일되게 하려 하심이라"(엡 1:10).

거룩한 교회는 천국이다.

8) 교회는 영광이 있으니 천국이다.

천국에서는 교회가 영광이 있다. 지상의 교회는 아직 영광이 없고, 겨우 핍박 받고 고생이나 하는 곳으로 생각하면 어폐가 있다. 앞에서 언급한 것을 일부 다시 상기해본다.

"내게 주신 영광을 내가 그들에게 주었사오니 이는 우리가 하나가 된 것 같이 그들도 하나가 되게 하려 함이니이다" (요 17:22).

성부님은 영광을 성자님께 주시고,
성자님은 영광을 성령님께 주셨고,
성령님은 영광을 성도들께 주셨다.

예수님께서 지상에 계실 때는 영광을 직접 성도들께 주시고, 승천 이후에는 성령님께서 영광을 계속, 영원토록 성도들과 함께 하신다. 중생(Regeneration)이란 영광을 받았다. 우리들이 신학을 할 때는 중생이 순간적으로 들어왔다는 정도로만 알았다. 중생이 성령의 영광의 조명인 줄은 몰랐다. 지금도 중생이 성령의 영광의 조명인 줄 모른다. 성령님의 조명(shining)을 받은 것이 중생이다. 칭의도 성령의 조명이다.

교회가 영광이 있는가?
하나님의 영광이 있다. (딤전 3:15).
예수님의 영광이 있다. (엡 1:22,23).
성령님의 영광이 있다. (고전 3:12).
복음의 영광이 있다. (고후 4:4).
중생의 영광이 있다. (요 3:3,5).
칭의의 영광이 있다. (엡 4:24).

위의 "복음의 영광"은 "그리스도의 영광의 복음의 광채가 비치지 못하게 함이니" (고후 4:4)에서 인용한 말씀이다. "그리스도의 영광의 복음" 즉 영광의 그리스도의 복음이다. 사도바울은 고후

3:7~18에 모세의 얼굴에 비친 영광은 점점 없어지는 영광이요, 예수님의 영광은 주(여호와)의 영광이니", "주의 영광을 보매 그와 같은 형상으로 변화하여 영광에서 영광에 이르니 곧 주의 영으로 말미암음이니라" (고후 3:18).

주 그리스도의 영광의 복음의 광채가 어둠에 비치면 "하나님께서 예수 그리스도의 얼굴에 있는 하나님의 영광을 아는 빛을 우리 마음에 비추셨느니라" (고후 4:6). 이 말씀을 아는 말씀이 마태복음 13:10~16에 있다. 즉:

예수님께서, "내가 그들에게 비유로 말하는 것은 그들이 보아도 보지 못하며 들어도 듣지 못하며 깨닫지 못함이니라… 그러나 너희 눈은 봄으로, 너희 귀는 들음으로 복이 있도다" (마 13:13,16).
"영광의 복음"의 비침을 받으면 눈은 봄으로, 귀는 들음으로 복이 있도다.

"주는 영이시니 주의 영이 계신 곳에는 자유가 있느니라" (고후 3:17). 여기 "자유가 있느니라"는 영광의 복음의 비침을 받아 복음을 받아 예수를 믿는다는 뜻이다. 예수를 믿으면 율법의 저주를 떠나 (자유받아) 영생을 받는다.
교회에서 이러한 복음의 영광이 있다. 주님의 영광은 크신 영광이다. 이 2,000년 간 하나님께서 영광의 복음으로 비치사, "창세 전에 그리스도 안에서 우리를 택하사, 그 기쁘신 뜻대로 우리를 예정하사 예수 그리스도로 말미암아 자기의 아들들이 되게 하셨다" (엡 1:4,5). 복음의 영광은 아직 계속적으로 비치실 것이다. 교회에 이러한 영광이 있다. 이런 교회는 천국이다. 모든 성도들은 복음의 영광이 비치고 있다. 이러한 교회는 하나요, 영광이요, 천국이다.

목사가, 장로가, 나와 여러분이 이러한 영광을 비치고 있는가? 우리 교회가 영광의 천국이 되고 있는가?

9) 교회는 영생이 있으니 천국이다.

"영생"에 대하여 구약성경은 네 번(창 3:22, 시 133:3, 21:33, 단 12:2)정도 나온다. 신약성경에는 45번 정도 나온다. 마태복음에서 영생에 대하여 이렇게 시작한다. "어떤 사람이 주께 와서 이르되 선생님이여 내가 무슨 선한 일을 하여야 영생을 얻으리이까?" (마 19:16).

문제: 내가 무슨 선한 일을 하여야 영생을 얻습니까?
예수: 네가 생명에 들어 가려면 계명들을 지키라.
문제: 어느 계명이오니까?
예수: 살인, 간음, 도둑질, 거짓 증언 등 하지말라.
　　　네 부모를 공경하라, 네 이웃을 사랑하라.
문제: 이 모든 것을… 아직도 무엇이 부족?
예수: 네 소유를 팔아… 와서 나를 따르라.
문제: 제물이 많으므로 이 말씀을 듣고 근심하며…
예수: 내가 진실로 너희에게 이르노니 부자는
　　　천국에 들어가기가 어려우니라.

예수님을 만났으나 재물이 많아 예수를 버렸다. "낙타가 바늘귀로 들어가는 것이 부자가 하나님의 나라에 들어가는 것보다 쉬우니라" (마 19:24). 이 말씀은 예수님의 명언이다. 예수님의 말씀, 즉 복음이 비추이면 영광의 중생이 발생한다. 말씀은 "영생"론에 속한다. "영생"을 어떻게 얻는가?

제자들은, "누가 구원을 얻을 수 있으리이까?"
예수님은, "사람으로는 할 수 없으나,
　　　　　　　하나님으로서는 다 하실 수 있느니라"(마 19:25,26).

하나님이 어떻게 죄인을 영생하게 하시는가? 하나님께서 그리스도의 영광의 복음(십자가와 부활)을 죄인에게 비치시면 영광의 중생이 발생한다. 하나님께서 이 중생자를 칭의 하신다. 이 중생과 칭의를 받으면 이 성도는 인(印)침을 받았다(고후 1:22, 엡 1:13, 4:30, 계 7:3). 특히 중생은 다시 난 사람(신창조, New man)이다.

그 내용은 특별한 창조이다. 그 말씀은: "새사람을 입었으니 이는 자기를 창조하신 이의 형상을 따라 지식에까지 새롭게 하심을 입은 자니라" (골 3:10). "하나님을 따라 의와 진리의 거룩함으로 지으심을 받은 새 사람을 입으라" (엡 4:24). 이 두절의 내용은 삼대 형상(三大形象)에 관한 말씀이다.

삼대형상은:

　지식: 하나님을 알게하는 은사.

　참의: 사람들을 알게하는 은사.

　거룩: 하나님을 경배하는 은사.

　이상의 삼대형상을 필자는 삼대원의(三大原義)라고도 한다. "원의"는 하나님께서 최초 사람을 창조하실 때 부여하신 하나님의 형상이다(창 1:27). 그러나 인간이 범죄하여 그 형상을 상실 당했다. 이제 성령님께서 죄인을 중생 시키면서 삼대형상을 회복 시켜주셨다. 칼빈(Calvin)은 위의 삼대형상(지식, 참의, 거룩)을 원칙대로 (순서대로) 사용하고 전복(overthrown)하지 말라(그의 강요 Ⅰ. 15:4)고 했다. 칼빈은 또 그의 성경주석에서 엡4:24을 주석하면서 참의는 사람에 대하여, 거룩은 하나님 경배에 대하여 말씀하는 것이라며, 이 입장은 플라토(Plato)도 지지한다고 말했다. 대부분은 이 삼대 형상에 대하여 잘 모르고 순서도 뒤죽박죽 하기도 한다. 교회가 영생을 설명하면서 선명하게 하나님의 형상을 제대로 가르쳐야 할 것이다. 교회에 영생이 있으니 천국이다. 천국 색채가 풍부하다.

　우리 교회가 천국인가?

　예수님 다시 오시는 그날, 완전한 교회, 완전한 천국의 그날까지, 천국을 이루어 나가야 할 것이다!

　주님, 더 알게 하소서. 가르치소서.

　매일의 삶속에서 십자가의 진리로 깨어있게 하소서!

chapter

25

—

좌파에서 살리셨다

☆

이 책을 쓰는데 마지막에 사탄이, 나를 위협하는 중국 무신론 정부가 여러 모양으로 방해했다. 심지어 꿈속에서도 위협했다. 두 번 죽을 번 했다. 옆에서 자는 집사람이 놀라서 "무슨 일이요?" 하고 물었지만 꿈 속의 내용을 설명할 수는 없었다. 확실한 것은 예수님께서 나를 살리셨다는 것이다.

이 곳 한국은 오래전부터 수많은 어려움이 있었다. 내가 어렸을 적에는 일제의 억압이 있었고, 해방 이후 1950년부터는 공산주의가 이 땅을 쑥대밭으로 만들었다. 20년 2월부터는 온 세상을 뒤흔든 바이러스(Coronavirus)가 한국에도 퍼졌다. 작년까지만 해도 좌파문제로 대한민국의 국운이 흔들리는 상황이었다. 올해 치뤄진 20대 대선에서 만약 좌파 정부가 세워졌다면 대한민국의 등불은 힘없이 꺼져버렸을 것이다.

윤석렬 대통령이 오로지 자기 힘으로 대통령이 되었나? 아니다. 우리 모두는 대한민국을 위해 간절히 기도했다. 그 결과 26만표(0.73%) 차이로 당선이 되었다. 이 26만표는 하나님의 오묘하신 섭리(攝理)이며 은혜의 표이다. 윤석렬 대통령은 어릴 때에 목사가 되는 것을 소망하셨다한다. 기회가 되시면 우리 고려신학교 신대원으로 오소서!

예수께서 살리셨다

국가조찬기도회에 참석한 윤 대통령은 "저는 이 자유 민주주의를 지켜나가야 한다는 소명을 받드는 것이 예수님의 가르침을 실천하는 것과 다르지 않다고 늘 생각해 왔다" 고 말했다. 출처: 중앙일보

하나님이 대한민국을 살리셨다. 할렐루야!
예수께서 윤대통령을 살리셨다. 할렐루야!
성령께서 한국교회를 살리셨다. 할렐루야!

나를 살리셨던 예수님께서 한국교회, 대만교회, 중국교회, 나의, 여러분의 주인이 되시고, 왕이 되시기에, 모든 교회가 천국이 되고, 다시 살아나길, 부흥하길 기도해 본다.

그리고 종국에는 이 다시 살아난 교회가, 내가, 여러분이 예수님 만나는 그날까지 예수는 그리스도라는 복음을 중국에, 세계에 전하는 선교의 사명을 잘 감당해야 할 것이다. 아멘!

그리하여 나의 평생의 단 한가지 결론은 바로
예수님이 "살리셨다". 아멘.

부록

부록 1 내가 좋아하는 중요한 말씀
부록 2 선교화보집

부록1:
내가 좋아하는 중요한 말씀

☆

1. 영광을 하나님께!

여호와여 광대하심과 권능과 영광과 이김과 위엄이 다 주께 속
하였사오니 천지에 있는 것이 다 주의 것이로소이다. 여호와여
주권도 주께 속하였사오니 주는 높으사 만유의 머리심 이니이다
(역대상29:11).

마6:13, "나라와 권세와 영광이 아버지께 영원히 있사옵나이다."
는 주기도문의 결론이다. 위 두 성경구절의 시작이 서로 비슷하다.
모든 영광을 하나님께 드려야 할 것이다.

2. 즐거운 마음으로!

나와 내 백성이 무엇이기에 이처럼 즐거운 마음으로 드릴 힘이
있었나이까 모든 것이 주께로 말미암았사오니 우리가 주의 손에
서 받은 것으로 주께 드렸을 뿐이니이다(역대상29:14).

모든 것을 즐겁게 주님께 드려야 할 것이다.

3. 메시아의 오심! (원서복음)

내가(하나님께서) 너로(마귀) 여자와 원수가 되게 하고, 네 후손
도 여자의 후손과 원수가 되게 하리니 여자의 후손(메시아)은 네
머리를 상하게 할 것이요 너는 그의 발꿈치를 상하게 할 것이니
라 하시고(창세기3:15).

오신 메시아(신약에 두번)

그가 먼저 자기의 형제 시몬을 찾아 말하되 우리가 메시야를 만
났다 하고 (메시야는 번역하면 그리스도라) (요1:41).

여자가 이르되 메시아 곧 그리스도라 하는 이가 오실 줄을 내가 아
노니 그가 오시면 모든 것을 우리에게 알려 주시리이다(요4:25).

메시야는 이미 오셨다.

4. 메시아 오심.

내가(하나님) 너로(아브람) 큰 민족을 이루고 네게 복을 주어 네
이름을 창대하게 하리니 너는 복의 근원이 될지라(창세기12:2).
　"큰 민족"을 중국성경은 "대국"(大國)이라 했다. 나는 "큰 민족"
을 "천국"(天國)이라 한다.

(1) 메시아께서 건설하신다(창17:19).
(2) 축복의 대상이다(창13:15, 갈3:16).
(3) 마태복음 6:10의 "나라"(kingdom)이다.

(4) 요한계시록 1:6, 5:10의 "나라"(kingdom)이다.

요한계시록 5:10의 본문:

"저희로 우리 하나님 앞에서 나라와 제사장을 삼으셨으니 저희
가 땅에서 왕노릇하리로다 하더라."

교회는 땅에서 왕노릇 한다. 메시아가 다시 오시고, 공 교회가
땅에서 왕노릇 한다..

5. 출애굽의 광복!

너희가 내게 대하여 제사장 나라가 되며 거룩한 백성이 되리라
너는 이 말을 이스라엘 자손에게 고할찌니라(출애굽기19:6).

"제사장의 나라"(kingdom of priests)는 신약시대의 교회 즉 천
국이다.

베드로전서2:9에 "오직 너희는 택하신 족속이요 왕 같은 제사장
들이요 거룩한 나라요 그의 소유된 백성이니 이는 너희를 어두
운데서 불러 내어 그의 기이한 빛에 들어가게 하신 자의 아름다
운 덕을 선전하게 하려 하심이라."

천국은 이미 왔으며(요 5:24-25), 천국백성으로서 천국복음을
전해야 할 것이다.

6. 시편23편: 부족함이 없으리로다.

    1절, 신론: 1) 여호와 = 예수님.

                2) 목 자 = 구속자, 십자가를 지신 자.

    2절, 교회: 1) 초 장 = 말씀, 복음.

                2) 물 가 = 성령, 인도.

    3절, 구원: 1) 소 생 = 영혼, 중생.

                2) 의(義) = 칭의, 이름.

    4절, 목회: 1) 사 망 = 음침, 두려워하지 않음.

                2) 안 위 = 지팡이, 막대기로 동행.

    5절, 심판: 1) 상(床) = 원수의 목전에서 상주심.

                2) 기 름 = 머리에 잔이 넘침, 면류관.

    6절, 영생: 1) 평 생 = 선하심과 인자하심이 세세토록.

                2) 성 전 = 여호와의 집에 영원히 거하리로다.

시편23편은 구약성경의 조직신학이다. 이렇게 조직적이요, 정서적이요, 구속적이다. 성경 말씀을 붙잡고, 부족함이 없는 하나님의 백성의 삶을 살아야 할 것이다.

7. 주기도문의 일면.

"나라이 임하옵시며"는 2,000년 동안 외우고 가르치고 전하였다. 그러나 그 뜻을 잘 모르는것 같다. 나는 "교회는 천국이다"란 책자도 출판했다. 그러나 이 기도문은 포함시키지 못했다. 여기서 간단히 설명해서 "교회는 천국이다"를 보충하고 싶다.

신약성경에 "교회는 천국이다"란 직설적인 표현은 없는 것 같다. 그러나 간접적으로 표현하는 곳은 많다. 이하 주기도문으로 부터의 간단한 내용도 교회는 천국이다를 설명하고 있다. 이 "나라이 임하옵시며"의 "나라"는 무슨 나라인가?

"천국이 가까웠다" (마4:17).
"하나님 나라가 가까웠으니" (막1:15).
"하나님의 나라가 가까이 온 줄을" (눅10:11).

여기에서 천국과 하나님의 나라는 교체 사용되었다. 예수님께서 요18:26에서 자기의 교회를 "내 나라"라 세 번 말씀하셨다. 요한복음의 천국과 하나님의 나라와 그리스도의 나라는 모두 같은 나라이다. 교회가 하나님의 나라 운동이다. 그래서 "오늘 날 우리에게 일용할 양식을 주옵시고" 한다. 이 천국, 신국(하나님의 나라), 그리스도의 나라 운동 때문에 일용양식(태양까지) 주신다. 이 운동하지 않으면 헛 밥 먹는다. 교회는 천국이다.

천국의 기쁨은 같이 나누어야 한다.

8. 나를 지키시는 여호와(시121:1~8).

이 시편은 진실로 여호와의 지키심을 노래한다. "지키다"의 원문은 샤말(שׁמר), 여러 뜻이 있다.

(1) 지키다 (keep, watch).
(2) 비축하다 (reserve).

(3) 준수하다 (observe).

(4) 언약하다 (covenant, promise).

(5) 존경하다 (honor).

(6) 보전하다 (preserve).

사탄 마귀는 삼킬 자를 성난 사자같이 덤비는데, 철 없는 어린애같이 멋모르는 우리를 전능자가 지키지 않으시면 자주자주 넘어지게 마련이다. 이 시편을 보면서 안심된다. 이 시편에 "지키다" 동사가 6번(3,4,5,7,7,8) 나타나 있다. 지키시되 전능자의 지킴이다.

(1) 천지를 지으신 여호와가 지키신다(2).

(2) 실족치 않게 하시며(3).

(3) 졸지도 아니하고(4).

(4) 주무시지도 아니하신다(4).

(5) 우편에서 지키시며(5).

(6) 해와 달도 해치 못하게 하시며(6).

(7) 모든 환난에서 지키시며(7).

(8) 내 영혼을 영원까지 지키시리로다(8).

9. 시편119:1,2.

"행위 완전하여 여호와의 법에 행하는 자가 복(福)이 있음이여",

"여호와의 증거를 지키고 전심으로 여호와를 구하는 자가 복(福)이 있도다."

이 두절의 원어(히브리어)는 "복"자가 첫 자이다. 시편1:1의 첫 자도 "복"자이다. "복"자의 히브리어는 아쉬레(אשרי)로 복 되다. 복이 있다 등 자주 감탄사로 쓰인다. 무엇보다도 "복"을 먼저 받기를 원하면, 여호와 말씀을 행하고 여호와를 구해야 할 것이다.

10. 하나님의 언약의 특징.

하나님께서 말씀하신 언약은 특징이 있다. "내가 내 언약을 나와 너 사이에 세워 너로 심히 번성케 하리라" (창17:2). "내가 내"는 하나님이시며, "너"는 아브람이다. 이 두분 사이에 언약을 세우셨다.

(1) 전능자의 언약이다(창17:1). 누구와 의논해서 세운 것이 아니다. 하나님 독자적으로 세우셨다. "언약"의 원문은 ברית 베리트, 바라라는 동사에서 온 단어인데, 바라는 자르다(cut)라는 뜻이다. 언약 때 동물 하나를 가져와 쪼개서 벌려놓고 그 가운데로 통과한다. 언약을 파괴하는 자는 그 동물과 같이 쪼깨진다는 뜻이다, 즉 엄격한 단어이다. 하나님께서 파기하실 위험은 없다. 영원한 언약이다. 그러나 때때로 인간이 하나님과의 언약을 파기한다.

(2) 우주적이다.
"너로 심히 번성케 하리라"(창17:2).
우주적인 3대 표현: 땅의 티끌같게 창13:16,
　　　　　　　　　하늘의 별과 같이 창22:17
　　　　　　　　　바닷가의 모래와 같게 창22:17

(3) 구속적이다.

"새 언약을 세우리라"(렘31:31). 예수님의 십자가와 부활로
성령께서 완성하신다.

11. 개혁주의 5대(五大)교리.

영어를 하는 분들은 TULIP이란 단어로 5대 교리를 쉽게 외우는
데, 우리 말로는 옛 사람이 새 사람이 되려면 성부 성자 성령으로
될 수있다 하면 간단하다.

(1) 옛 사람 완전 타락(롬3:10).
사람이면 모두 완전 타락했다.
한 사람도 제외 될 수 없다. 공자도 석가도 역시 죄인이다.

(2) 성부의 무조건 선택(엡1:4).
창세 전에 하나님께서 그리스도 안에서 선택하셨다.

(3) 성자의 유한 속죄(요10:11).
예수님의 십자가의 속죄가 가치는 무한하지만, 속죄는 유한하다.
예수님의 양은 속죄가 있고, 예수님의 양이 아니면(요10:26)
속죄가 없다.

(4) 성령의 유효 은혜(롬8:30).
성령의 감화는 절대 유효하다. 사울이 바울되는 과정이 그렇다.

(5) 새 사람의 영원구원(요10:28,29).

구원을 하나님의 손과 예수님의 손에서 빼앗을 수 없다. 한번 구원 받으면 영원한 영생이며, 영원한 구원이다. 원문은 견인을 강조했다. 당시 화형을 견디지 못하여 예수님을 버리고 떠나는 이들이 생겼다. 그러나 인간적으로 구원을 끝낼 수 없다. 나는 그것보다 하나님과 예수님 두 분의 두 손을 믿는다. 그것이 개혁적이다. 할렐루야!

12. "진리"가 무엇인가?

(1) 하나님은 진리(시31:8).

(2) 예수님은 진리(요14:6).

(3) 성령님은 진리(요14:17).

(4) 하나님의 말씀은 진리(요17:17).

(5) 예수님의 말씀은 진리(요8:44).

(6) 성령님의 말씀은 진리(요14:26).

특히 성경 66권은 성령님의 감동으로 하나님의 영감에 의해 기록되었다. 예수님께서 진리를 말씀하셨기에, 빌라도가 예수님을 심문했으나, "아무죄도 찾지 못하노라"를 세 번(요18:38, 19:4, 19:6)

말했다. 그러나 빌라도는 예수님을 석방하지 않고, 유대인들의 소원대로 예수님을 십자가에 못 박으라 했다.　거짓 없으시고, 죄 없으신 진리이신 예수님을 거부한 빌라도는 사도신경 대로 대대로 영원히 정죄받고 있다. 진리이신 예수님 안에서 참 자유를 얻어야 할 것이다.(요 8:32)

13. 그리스도의 나라(요18:36).

신약성경에 : 천국 (마 3:2).
　　　　　하나님의 나라 (마 12:28).
　　　　　그리스도의 나라 (엡 5:5).

　이상의 세개의 나라는 똑같은 하나의 나라이다. 그리스도는, "내 나라는 이 세상에 속한 것이 아니라"(요 18:36) 하셨다. 그리스도의 나라는 하나님의 나라와 천국과 같이 이 세상에 속한 것이 아니다. 마태복음이 교회를 천국이라 말한 것도(마16:18,19), 예수님이 교회를 이 세상에 속한 것이 아니라는 말씀과 같다. 그 이유는 교회가 성령으로 중생하여 새로운 피조물이(고후5:17) 되었기 때문에, 신령한 나라, 영원한 나라이기 때문이다. 교회의 왕이신 그리스도도 몸은 잠시 땅에 서셨으나, 그 분이 하늘에서 오셨고, 또 하늘로 가셨기 때문이다. 지상 교회가 이미 미완성의 천국을 누리고 있으며, 예수님 다시 오시는 그날, 완전한 천국 교회가 될 것이다. 우리는 이미 그리스도의 나라 백성이며, 영원한 천국의 백성이다.

14. 신약 五大 성경의 주제

마태복음의 주제: 예수님은 왕 (마 1:1).

마가복음의 주제: 예수님은 종 (막10:45).

누가복음의 주제: 예수님은 인자(人子) (누 19:10).

요한복음의 주제: 예수님은 하나님의 아들(神子) (요 3:16).

사도행전의 주제: 예수님은 그리스도(基督) (행5:42).

위의 인자(人子)는 하나님의 아들, 神子(신자)는 하나님의 독생자, 기독(基督)은 그리스도의 중국어 표현법이다. 신약의 사복음서 주제는 예수님이 어떤 신분이심을 내포하고 있고, 사도행전은 4 복음서의 종합적 결론이다. 즉 사복음서는 예수님의 십자가의 속죄론이요, 사도행전은 예수님의 천국(교회)론이다. 피흘려 주신 예수는 부활하신 그리스도(메시아)이시다. 사복음서는 그리스도라 말하지 말라(마 8:4, 9:31, 막 5:43, 누 5:14), 부활하시기 전에는 말하지 말라(마 17:9) 하셨다. 사도행전은 "내 증인이 되라" (행 1:8) 고 하셨다. "증인"의 명사는 순교자란 뜻인데, 죽음을 무릅쓰고 그리스도를 전하라고 명령하셨다.

15. 바실레야 노래 (438 찬송가).

하늘나라를 헬라어로 바실레야($\beta\alpha\sigma\iota\lambda\epsilon\acute{\iota}\alpha$)라고 한다.

(1) 내 영혼이 은총입어 중한 죄짐 벗고 보니

슬픔 많은 이 세상도 천국으로 화하도다

할렐루야 찬양하세 내 모든 죄 사함받고

주 예수와 동행하니 그 어디나 바실레야

(2) 주의 얼굴 뵙기 전에 멀리 뵈던 바실레야

내 맘속에 이뤄지니 날로 날로 가깝도다

(3) 높은 산이 거친들이 초막이나 궁궐이나

내 주 예수 모신 이 그 어디나 바실레야

이세상 사는 동안 이미 천국 백성으로서 하나님의 나라, 천국을 누리고 살아야 할 것이다.

"하나님의 나라는 너희 안에 있느니라" (누 17:21).

16. 심령이 가난한 자.

"심령이 가난한 자는 복이 있나니 천국이 저희 것임이요" (마 5:3).

"심령이 가난한 자"의 중국어로는 "허심자(虛心者)"라 한다. "허"자는 옥편의 뜻을 빌리면 빌허, 헛될허, 다할허, 버금자리허, 약할허, 거짓말허, 하늘허, 터허 등이다. 가난한 뜻은 안 보인다. 허자는 어려운 말이다. 심자는 더 어렵다. "심"자의 원문(헬라어)은 프뉴마($\pi\nu\varepsilon\hat{\upsilon}\mu\alpha$, spirit)는 바람, 영혼, 본질, 령, 능력(의, 지, 정) 등 지능을 가진다.

영혼은 하나님께서 주신 선물이요, 하나님께서 쓰신다. "심령이 가난한 자"는 범죄한 인간이 마귀에게 점령당하고 있다. 그 상태는 "만물보다 거짓되고 심히 부패한 것은 마음이라"(렘 17:9). 이 상태인 인간이 성령으로 중생해야(딛 3:5) 가난한 자가 된다. 그 때 허심자는 중생자가 된다. 중생한 교회는 천국이다 (마5:3).

17. 교회는 천국이다.

마태복음은 "천국"이란 말로 교회를 표시했다. 그 이유는 유대인들이 "여호와" "하나님"을 두려워 하기 때문이다.

(1) "하나님" 보다 "천국"이 편하다.

(2) 마태복음은 천국복음이다(천국이 모두 32번이 나온다).

(3) 천국과 하나님의 나라는 교체된다(마 5:3, 눅 6:21).

(4) 동일한 "가까이" 나라(마 3:2, 막 1:15, 눅 10:11).

(5) 마 11:12의 "천국"은 교회다.

(6) 마 13장의 7대 비유 중의 "천국"은 교회다.

(7) 교회는 나라요. 예수님이 왕이시니(요 18:36) 천국이다.

(8) 교회는 이스라엘이다(요 12:15).

　　교회는 하나님의 이스라엘(갈 6:16).

　　교회는 예수님의 이스라엘(요 1:49).

　　교회는 성령님의 이스라엘(창 33:20, 벧전 4:14).

　　교회가 이스라엘이고 예수님이 그의 왕(요 12:13)이시다.

　　목사, 장로, 사람이 아니라,

　　예수님이 왕이시면 교회는 천국이다.

(9) 교회는 영광을 받았다(요 17:22).

　　성령의 중생은 예수님의 영광(딛 3:5-7, 욥1:13).

　　성령의 말씀은 예수님의 영광(고후 4:4,17).

　　성령의 성찬은 예수님의 영광(고전 10:16, 11:26).

(10) "교회"와 "천국"을 동일시 한다(마 16:18,19).

　　우리 교회가 천국이 되어야 할 것이다.

18. 땅에서 왕 노릇 하자(계 20:1-6).

예수 믿는 사람이 땅에서 왕노릇 할 수 있다.

(1) 예수님이 사단을 결박하셨다(1-3).
"천사"는 예수님의 전령이다. 본래 천사는 사단을 좌우하기 어렵
다(유다서 9절). 그러나 본문의 천사는 예수님의 특사로서 사단을
완전 결박하셨다.

(2) 예수님이 교회와 동행하신다(4-6).

성도들이 중생을 받았고(6, 엡 2:6), 만왕의 왕 예수님이 그 성도와 동행하신다.

(3) 예수님의 교회는 천국이다.

예수님 오시기 전에는 세계가 어두웠다. 예수님 부활 승천 후 성령을 보내셔서 온 세상에 천국인 교회가 건설되고 있다.. 세계 교회가 사단이 결박된 것을 증명한다. 중국에도 R.P.C.C.(중국개혁파장로회)가 있다. 예수님의 교회가 땅에서 천년동안 왕노릇 해야한다(계 5:10). 우리 교회가 천국이되고, 왕노릇 하고 있는가?

19. 사도행전의 주제.

많은 사람들이 사도행전의 주제는 1:8 이라 한다. 나도 1:8을 주제로 하다가 5:42로 바꿨다.

"저희가 날마다 성전에 있든지 집에 있든지 예수는 그리스도라 가르치기(teaching)와 전도하기(preaching)를 쉬지 아니하니라. (행 5:42)

"예수는 그리스도"

이 제목이 사도행전에 5번 니온다.

예수는 그리스도(5:42), 베드로가,

예수는 그리스도(9:22), 바울이,

예수는 그리스도(17:3), 바울이,

예수는 그리스도(18:5), 바울이,

예수는 그리스도(18:28), 아볼로가.

이 주제는 선교의 주제요, 중국에서,

이 주제는 신학의 주제요, 선수대로,

이 주제는 설교의 주제요, 선교하니,

이 주제는 교회의 주제요, ∏ P C C,

이 주제는 천국의 주제로다. 할렐루야!

20. 잊을 수 없는 예수님의 살리심.

1977년 12월 1일에 새 차 (포드1,600CC)를 샀다. 대만에 부임하고 만 4년 만에, 고신총회의 전국 여전도회 총회가 모금해서 차를 사주셨다. 당시의 여전도회 총회장 박복달 회장님과 김계초, 등 경북노회 여왕 세 분들이 주동이 되어 힘들여 차 비용을 지불하셨다. 그 때는 교단에서 차를 가진 목사님이 몇 분 뿐이었다. 대부분은 새 차를 만져보지도 못했다. 성령님께서 나같은 죄인에게 차를 주셨다. 도원교회를 시작해 놓고, 버스로 갈때는 내왕 약 5시간 걸렸다. 일년동안 고생을 했다. 이제 자가용으로 고속도로를 가니 왕복 1시간 걸렸다. 할렐루야!

그 동안 두 전도사에게 목사 안수하고, 1983년 8월 5일 목요일, 집사람과 두 목사 등 네사람을 태우고 화련교회 어린이 성경학교를 하기위해 차에 올랐다. 내가 듣기로는 자가용으로 170km, 약 5시간 걸린다 하였다. 처음이기 때문에 긴장했다. 약 100km는 평지도로로 운행하고, 70km는 험난한 산 도로, 터널 등이다. 좌편은 바다, 우편은 험산, 오가는 차도 많지 않았다. 평균 약 40km~60km, 천천히 운전했다.

한참을 가다 산중터널을 만났다. 모처럼 터널이라 마음 놓고 속도 높여 차를 달렸다. 터널 끝에 도착하자 마자 내 입에서는 외마디 비명이 나왔다. "악!!!", 왼편은 바다절벽, 출구 나오자마자 급한 우향도로, 반응이 조금만 늦었다면 네 사람을 몽땅 차에 태우고 좌편 절벽으로 떨어질 뻔한 순간이었다. 당황하여 우편도로가 얼른 눈에 들어오지 않았지만 가까스로 우향해서 방향을 잡았다. 주님 감사합니다. 예수님이 터널에서도 살려주셨다.

21. 죽었다가 살아 온 선교사

2017.1.14~20 기간에 일어난 하나님의 특별한 은혜를 보고한다.

현지인 목사가 중국 정주공항에서 나를 만났다. 정주지방이라 왔는데, 공항에서 내리니, "약 200km정도 더 가야 합니다." 자신의 자동차로 마중을 해주었다. 거의 목적지에 도착시간인데, 120km 고속으로 3차선 도로에서 1차선으로 갔다. 나는 졸았다. 쾅! 운전자가 보니, 자기 차가 분리대에 서서 밀려가는 것까지 알고

(앞 차에서 사과 box가 떨어지는 것을 보고, 그것 피하려고), 정신
을 차리고 나니, 차가 3차 선을 넘어서 갓길에서 정확하게 서 있었
다. 서로 "괜찮나?" 메이여우운티(沒有問題), 문제없다고 한다.

이것은 하나님의 특별한 가호였다

(1) 1차선에 있던 차가 어떻게 3차선을 건너왔나?

(2) 앞 차(운전석 앞의)의 타이어는 운전 불가였다.

(3) 두 사람이 전혀 흔적도 없다.

(4) 경찰이 도착해서 수리차를 불러주었다.

(5) 우리 둘은 수리차를 타고 공장으로 갔다.

(6) 약 2시간 수리했다. 사고 난 차를 타고 목적지까지 (약30분 거
리) 운전해 갔다. 하룻밤을 지내고 3일간 강의를 하고 돌아왔다. 예
수님이 살리셨다.

22. 하나님께서 아메리카 합중국의 메달을 주셨다.

모든 사람들에게 아래와 같은 내용 증정:

아메리카 합중국 대통령 1944 년 2월 4일 집행 명령에 의해
승인된 수상임을 증명함.

동성메달

대한민국 육군 K1130347 부대원 유환준 일등중사
1950 년 9 월 21 일 ~ 1954 년 7월 27 일 기간
적군 대상으로 수행한 지상작전에서 남긴
훌륭한 업적에 대하여 훈장을 수여함.

워싱턴에서 수여
1954 년 11 월 22일(서명)

미국, 준장 (아메리카 합중국 전쟁 본부 인장)
육군 부장 부관 (서명)

미 육군, 극동 전쟁 사무소

23. 미국 보병 3사단 15 연대장의 추천서

유환준 일등중사 (K-1130347)

1) 귀하가 제 15 보병 부대를 떠날 이 시각에 군 복무기간 동안 자기에게 맡겨진 임무를 잘 수행하였음으로 장려 추천서를 전하게 되어 대단히 기쁘다.

2) 할당된 모든 임무를 수행함에 있어 귀하의 부지런함과 열정은 최고 수준이다. 귀히는 항상 동정심과 의무에 대한 꾸준한 헌신을 보여주었다. 귀하의 책임을 다하겠다는 끊임없는 결의는 귀하의 동료들에 대한 존중과 상사의 신뢰를 주었다. 앞으로 언제든지 필요한대로 귀하를 추천하고, 같이 임무를 수행해야 할 기회가 있을 때 조금도 망설이지 않고, 귀하와 함께 임무를 수행하기를 원한다.

3) 군인으로써, 그리고 남자로써, 귀하는 모든 의무를 탁월하게 수행했다. 귀하는 항상 근면하고 신뢰할 수 있는 일에 충성을 다헀다.

4) 제15보병 부대가 반복적인 성공을 거둘 수 있었던 것은 귀하와 같은 사람들의 의무에 대한 헌신을 통해 이루어졌다. 귀하는 우리의 사명을 효과적으로 수행하는데 중대한 물질적인 공헌을 하였다.

5) 나는 당신이 최선의 미래 목표와 삶의 노력이 많은 결과를 맺을 수 있기를 기원하는 바이다.

HEADQUARTERS 15TH INFANTRY
APO 468 c/o Postmaster
San Francisco California

15RCO

SUBJECT: Letter of Commendation

TO: Staff Sergeant You Hwan Joon, K-1130347
        Headquarters and Headquarters Company
        15th Infantry Regiment
        APO 468

   1. I take great pleasure at the time of your departure from the
15th Infantry to commend you for the manner which you discharged your
duties while under my command.

   2. Your diligence and zeal in executing all duties assigned is of
the highest calibre. You have, at all times, displayed aggressiveness
and an untiring devotion to duty. Your unflinching determination in
fulfilling your responsibilities has earned for you the respect of your
associates and the confidence of your superiors. I would not hesitate
to recommend you for any position of trust at any time in the future and
should our paths cross again in the service, I would be happy to serve
with you.

   3. As a soldier, and as a man, you have performed all your duties
in a superior manner. You have always been loyal to your job, industri-
ous and reliable.

   4. It is through the devotion to duty of such men as yourself
that the 15th Infantry has been able to achieve its repeated successes.
You have rendered a material contribution to the effective prosecution
of our mission.

   5. May I wish you the utmost in your future aims and life's endeavors.

                              WILLIAM J McCONNELL
                              Colonel, Infantry
                              Commanding

미군 연대장 추천서 원본

24. 미국의 남가주 신학교의 명예신학박사 받음.

1989.6.13, 대만 남항교회에서 남가주 신학교(Southern California Theological Seminary)의 스미쓰(J. R. Smith) 박사가 나에게 신학박사 학위를 전해 주셨다. (학위증은 고신 선교부에서 보관함)

예수께서 살리셨다.
이 책(자서전)에 미처 기록하지 못한 이야기나
담지 못한 사진들 외의 나의 모든 것들은
주님께서 다 아신다.

부록2:
선교화보

☆

미국 하도래 선교사
가 대만 방문.

미국 안드레
(Andrew) 선교사,

고웅 사시면서 항
공기로 대북와서
한 사람(하정헌)
에게 강의함.

미국 정통 장로회
우편: 스미스선교사,
좌편: 마샬 선교사.

주루카이 중국광업 대학교 정교수.

王建宣(왕건선)
대만 경제 부장.
1984.11.24, 원산
호텔에서 아세아
BMCA 대회 때,
한국 BMCA
대표와 대화.

1993.9.8, 네덜
란드 두마 목사.

1987.4.19, 남항교회
와 김계초 경북여왕

대북에서 제일 높은 교회 (12층)
충효 교회. 지금은 1층으로 지하
철은 80m 지점

예수께서 살리셨다

1968.10.22 경동 노회서 목사 안임.
울릉 신흥교회 시무. 부산 거제교회
의 강집사 홀로 참석.

미국 신내리 선교사 한국을 위해
수고하셨다.

1972.6.13, 제7230 부대 합동 세례식.

1999.12.26,
충효교회에서
우리 가족
합창.

1965, 고려신학교 제 20회 졸업식.

왼쪽 두번째는
제수(울릉도 미인),

오른쪽은 유희삼
과장.

경북 여왕 김계초 누님
백두산 꿈 같다.

1996.6.24, 남경동로에서
처음 졸업식.
최일영, 김종문 참석.

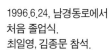

1995.5.16, 춘자(춘재)
와 로마원형 경주장.

중국어 너무 잘해서 한국인 아니
라면서 대학 입학 2년간 기다려
도 안되어 결국 한국으로 보냈다
(유중숙).

1975년 부터 지금까지 매년
US$100.00보내시는 서연
안 자매.

유환준 선교사
은퇴.

2017.8.9, 뉴욕 트럼프 대통령 빌딩.

2009, 캄보디아 와낙
과 중국 왕옌이 사상
교회에서 박흥석 목사
님의 주례를 받았다.
2022년 현재 왕옌은
아들만 4남을 받았다.

1997.1.25, 죽동교회
온조섭 목사의 재혼례.

2001.9, 총회시
대만 선교와
중국 선교 보고.

1974.1.10, 어머님(91세), 숙모님(100세).

숙모님의 큰 딸과
큰 아들.
모두 나를 보내소서.

한명동 목사님, 나를 대만으로
보내시고, 선교지가 보고 싶어
서 네 번이나 대만으로 오셨다.
은퇴 후에 오셔서 "내가 한달
이나 쉬어 갈란다" 하셨다. 나
를 아들로 삼으시고 평생 기도
로 날 후원하셨다. 이제 지팡이
를 의지 하신다. (배경은 부산
삼일교회).

유신우(셋째 아들)의 큰 사위와 외
아들 유대선. 기대하는 유일한 손자.